THIS IS YOUR **PASSBOOK**® FOR ...

ITALIAN (LANGUAGE AND CULTURE)

NATIONAL LEARNING CORPORATION®
passbooks.com

PASSBOOK® SERIES

THE *PASSBOOK® SERIES* has been created to prepare applicants and candidates for the ultimate academic battlefield – the examination room.

At some time in our lives, each and every one of us may be required to take an examination – for validation, matriculation, admission, qualification, registration, certification, or licensure.

Based on the assumption that every applicant or candidate has met the basic formal educational standards, has taken the required number of courses, and read the necessary texts, the *PASSBOOK® SERIES* furnishes the one special preparation which may assure passing with confidence, instead of failing with insecurity. Examination questions – together with answers – are furnished as the basic vehicle for study so that the mysteries of the examination and its compounding difficulties may be eliminated or diminished by a sure method.

This book is meant to help you pass your examination provided that you qualify and are serious in your objective.

The entire field is reviewed through the huge store of content information which is succinctly presented through a provocative and challenging approach – the question-and-answer method.

A climate of success is established by furnishing the correct answers at the end of each test.

You soon learn to recognize types of questions, forms of questions, and patterns of questioning. You may even begin to anticipate expected outcomes.

You perceive that many questions are repeated or adapted so that you can gain acute insights, which may enable you to score many sure points.

You learn how to confront new questions, or types of questions, and to attack them confidently and work out the correct answers.

You note objectives and emphases, and recognize pitfalls and dangers, so that you may make positive educational adjustments.

Moreover, you are kept fully informed in relation to new concepts, methods, practices, and directions in the field.

You discover that you arre actually taking the examination all the time: you are preparing for the examination by "taking" an examination, not by reading extraneous and/or supererogatory textbooks.

In short, this PASSBOOK®, used directedly, should be an important factor in helping you to pass your test.

ADVANCED PLACEMENT PROGRAM

INTRODUCTION

The Advanced Placement Program is more than 50 years old, and since its creation by the College Board in 1955 it has offered more than 7 million examinations to more than 5 million candidates around the world. These candidates are usually high school juniors or seniors who have taken an AP or equivalent college-level course while still in secondary school.

Students participate in the AP Program for several reasons. Some enjoy the opportunity to be challenged by a college-level course while still in high school. Others appreciate the chance to be exempt from an introductory course once in college. Whatever the reason, participation in the AP Program provides an academically stimulating situation; it can also save a student money and time in college.

The validity and reliability of the AP Program are widely acknowledged. AP grades are now recognized by most two- and four-year colleges and universities both inside and outside of the United States. These institutions offer advanced placement, course credit, or both to students who have successfully completed AP Exams. In addition, many of these institutions grant sophomore standing to students who have demonstrated their competence in three or more exams.

The AP Program is more than just examinations, however. It also actively promotes college-level instruction at the high school level, specifically in the form of AP courses, faculty workshops, and facilitating publications. The College Board periodically monitors college-level courses throughout the nation to ensure that AP courses reflect the best college instruction. Every summer the Board holds workshops for AP teachers from the more than 10,000 high schools that offer AP courses and examinations. In addition, the Board has made available almost 300 publications containing information and data about the Program's products and services.

The Advanced Placement Program aims to improve the nation's quality of education and to facilitate students' transition from secondary school to college. Through its committees of educators, the AP Program provides course descriptions and examinations in 20 disciplines so that secondary schools may offer their students the stimulating challenge of college-level study culminating in an exam that measures college-level achievement.

At least two years are generally needed to develop each Advanced Placement Examination. The high school and college teachers on the development committee devise test questions that are subjected to repeated testing, review and revision. They evaluate each question and exam to eliminate any language, symbols, or content that may be offensive to or inappropriate for major subgroups of the test-taking population; statistical procedures help identify possibly unfair items. The questions that remain are assembled according to test specifications and, after further editing and checking, compose the AP Examination.

Every May, typically after a full academic year of advanced instruction, hundreds of thousands of students from almost one-half of the approximately 21,000 secondary schools in this country take one or more of the 35 AP Examinations offered. In all subjects except Studio Art, the exams contain both multiple-choice questions and free-response questions, the latter requiring essay writing and problem solving.

Grading AP Examinations is a unique enterprise: the size and complexity of the reading are on a scale unlike any other essay assessment in this country; the evaluation requires special and demanding procedures designed to produce equitable and consistent evaluations of performance. While the multiple-choice sections of the exams are scored by machine, the free-response sections require the involvement of thousands of college professors and AP teachers who have been carefully selected on the basis of their education, experience and association with the AP Program. Several hundred thousand examinations contain more than 3 million student answers. Several hundred individuals provide professional and clerical support. Three or more sites are required to accommodate the six-day reading.

While pride in accomplishing this huge task is justifiable, the essential concern of the Advanced Placement Program is that all students receive grades that demonstrate their achievement fairly and accurately. Thus, the following procedures are used to assure that grading standards are applied fairly to all papers:

- The conscientious development of scoring standards. The preparation of standards for an examination begins when the development committee reviews and approves the examination, which may be as much as two years before the reading. After the exam has been administered, the standards are refined by instructors who have experience working with actual candidate answers.

- The use of carefully developed scoring scales. Each question has an associated scoring scale designed to allow faculty consultants to make distinctions among answers. The scales — usually from 0 to 5, or 0 to 9 — avoid the problem of too few points, which allows only coarse distinctions, and the problem of too many points, which requires overly refined, often meaningless discriminations. Because the standards and their accompanying scales are tailored to individual questions, they allow each answer to be appropriately ranked.

- The rigorous review of the scoring standards and their internalization by all AP faculty consultants. Three to seven hours of the six-day reading period are devoted to reviewing the standards and making sure that they are applied consistently. The objective is to meld two essential components: (1) each faculty consultant's professional assessment of the answers, and (2) the scoring standards developed by the reading group. In this way, an accurate and uniform assessment of the papers is achieved.

- Minimization of the possibility of the *halo effect*. The *halo effect* (giving an answer a higher or lower grade than it deserves because of good or poor impressions of other answers by the same student) is minimized by following three practices: (1) having each question, or question set, read by a different faculty consultant; (2) completely masking all scores given by other faculty consultants; and (3) covering the candidate's identification information. These practices permit each faculty consultant to evaluate essay answers without being prejudiced by knowledge about the candidates. Having up to eight faculty consultants assess different questions within a given exam ensures that each answer is judged solely on its own merit.

- The close monitoring of scoring standards. Scoring standards are developed and monitored using a variety of methods that minimize the chances that students would receive different grades if their answers were read by different faculty consultants. One method is to have a second faculty consultant independently score exams that have been previously read; another method is to have the faculty consultant reread exams that he or she has previously read. In either instance, if there is too great a disparity between the resulting scores, the individuals involved resolve the differences. These are just two of the methods used to maintain the scoring standards. Taken as a whole, the procedures ensure that each candidate receives an accurate estimate of her or his demonstrated achievement on the AP Examination.

Examination Standards

Multiple-choice questions have the unique ability to cover the breadth of a curriculum. They have three other strengths: high reliability, controlled level of difficulty, and the possibility of establishing comparability with earlier examinations. Reliability, or the likelihood that candidates taking different forms of the examination will receive the same scores, is controlled more effectively with multiple-choice questions than with free-response questions.

Maintaining a specified distribution of questions at appropriate levels of difficulty ensures that the measurement of differences in students' achievement is optimized. For AP Examinations, the most important distinctions among students are between the grades of 2 and 3, and 3 and 4. These distinctions are usually best accomplished by using many questions of medium difficulty.

Comparability of scores on the multiple-choice section of a current and a previous examination is provided by incorporating a given number of items from an earlier examination within the current one, thereby allowing comparisons to be made between the scores of the earlier group of candidates and the current group. This information is used, along with other data, by the chief faculty consultant to establish AP grades that reflect the competence demanded by the Advanced Placement Program and that compare with earlier grades.

Student Preparation

This book, Rudman's Questions and Answers on the AP Examination, is highly recommended by the editors, educators and students to prepare for the multiple-choice part of the AP Examination as an immediate last step before taking the actual examination. Good luck!

AP ITALIAN EXAMINATION

INTRODUCTION

The AP Italian Language and Culture Exam is a two-section examination that assesses the student's level of Italian language proficiency and cultural knowledge. The exam, approximately three hours in length, is composed of a multiple-choice section that assesses reading and listening comprehension, and a free-response section, which is made up of three separate parts.

Part A of the multiple-choice section (Section I) consists of listening comprehension questions, which test the student's ability to listen to a dialogue between Italian speakers or a descriptive narrative and answer spoken questions. The reading comprehension segment, Part B, provides the student with both short and long passages, as well as other visuals like charts, tables or advertisements, and asks the student to answer questions accordingly.

Section II is made up of Writing (Part A), Culture (Part B) and Speaking (Part C) test areas. The Writing section itself is broken down into three parts – two paragraph completion exercises (verbs and non-verbs) and a short composition. Part B asks the student to answer in composition form a question regarding Italian culture, with possible topics covering geography, arts and sciences, customs and traditions, or contributions of important Italians and Italian-Americans. Part C is a Speaking section in which the student must use a sequence of pictures to come up with a narrative, and then show an ability to engage in discourse on a given topic.

Section I accounts for 40% of the final AP Italian exam grade, while Section II makes up the other 60%. All five parts – two in Section I and three in Section II – account for 20% of the total grade each.

The exams are graded on a scale of 1 to 5. Scores will be made available to the colleges specified by the student (if any), the high school and the student.

Random guessing is NOT advised, since one-fourth of the number of questions answered incorrectly will be subtracted from the total number answered correctly. However, if one of the answer choices can be eliminated, guessing may be beneficial.

The following questions are samples of what can be expected in the multiple-choice section (Section I) of the AP Italian exam. Note that the dialogues that precede the listening comprehension questions that follow will NOT appear on the actual exam, and are only provided as an example of the type of material the listener should be prepared for.

SAMPLE QUESTIONS

SECTION I: Multiple Choice (Listening)

DIRECTIONS: You will now listen to several selections. For each selection, begin by reading the questions silently. After listening to each selection, you will have time to answer the questions provided. For each question, choose the response that is best according to the selection and mark your answer on the answer sheet.

Woman:	Buona sera. Desidera?
Man:	Buona sera. Cercavo un regalo per il compleanno di mio fratello.
Woman:	Che tipo è suo fratello?
Man:	È giovane, ma molto tradizionale, ed elegante. Deve sempre vestirsi bene perchè lavora per un'azienda importante. Cosa potrei comprargli? Cosa mi consiglia?
Woman:	Beh … vediamo … una cravatta di seta … una camicia di lino … una bella giacca di cashmere … Sono appena arrivate queste giacche favolose. Che ne dice?
Man:	La cravatta non è molto originale. Vediamo un po' le camicie.
Woman:	Benissimo! Guardi questa, è morbidissima … di puro lino. Le piace?
Man:	Sì, mi piace proprio. La vedo bene per mio fratello. La prendo. Grazie.

1. Quando si svolge la conversazione?   1._____
    A. La mattina presto
    B. Prima di pranzo
    C. Nel tardo pomeriggio
    D. A mezzogiorno

2. Perchè il cliente cerca un regalo?   2._____
    A. Il fratello ha un nuovo lavoro.
    B. È il compleanno del fratello.
    C. Suo fratello si laurea.
    D. È quasi Natale.

3. Cosa dice il cliente di suo fratello?   3._____
    A. È un tipo eccentrico.
    B. Preferisce i colori vivaci.
    C. Cerca lavoro all'estero.
    D. Si veste sempre bene.

4. Cosa compra il cliente?   4._____
    A. Una cravatta di seta
    B. Una camicia di lino
    C. Un paio di pantaloni di lana
    D. Un paio di scarpe di pelle

SECTION I: Multiple Choice (Reading)

DIRECTIONS: Read the following selection. Each selection is followed by a number of questions. For each question, choose the response that is best according to the selection and mark your answer on the answer sheet.

IL RAPPORTO
L'Integrazione degli immigrati in Italia

IMMIGRATI PIÙ INTEGRATI IN LOMBARDIA

1. L' inserimento lavorativo

Lombardia e Piemonte sono le regioni dove gli immigrati hanno le maggiori possibilità di trovare un lavoro. Le condizioni più precarie si incontrano nel Mezzogiorno e in Umbria

2. La diversificazione culturale

La maggiore diversificazione etnico-culturale degli immigrati si riscontra nel Lazio, dove sono presenti ben 183 diverse nazionalità. Segue la Lombardia con 174

3. La stabilità sociale

In Valle d'Aosta, nelle Isole, in Piemonte e Lombardia le comunità di immigrati hanno le radici più solide. Quindi gli extracomunitari tendono a fermarsi per periodi di tempo più lunghi e a farsi raggiungere dalla famiglia

*This selection was originally published in the *Corriere Della Sera* newspaper (October 2004)

5. Secondo il brano, cosa si può dire sull'immigrazione in Italia?   5.____
    A. Gli immigrati trovano lavoro principalmente nel nord.
    B. Gli immigrati vengono da pochi paesi europei.
    C. Gli immigrati costituiscono la maggioranza della popolazione italiana.
    D. Gli immigrati diventono facilmente cittadini italiani.

6. In quale regione italiana si trova la più alta concentrazione di   6.____
    nazionalità?
    A. Piemonte
    B. Lombardia
    C. Lazio
    D. Campania

ANSWERS (SAMPLE QUESTIONS)

1.	C	4.	B
2.	B	5.	A
3.	D	6.	C

HOW TO TAKE A TEST

You have studied long, hard and conscientiously.

With your official admission card in hand, and your heart pounding, you have been admitted to the examination room.

You note that there are several hundred other applicants in the examination room waiting to take the same test.

They all appear to be equally well prepared.

You know that nothing but your best effort will suffice. The "moment of truth" is at hand: you now have to demonstrate objectively, in writing, your knowledge of content and your understanding of subject matter.

You are fighting the most important battle of your life—to pass and/or score high on an examination which will determine your career and provide the economic basis for your livelihood.

What extra, special things should you know and should you do in taking the examination?

I. YOU MUST PASS AN EXAMINATION

A. WHAT EVERY CANDIDATE SHOULD KNOW

Examination applicants often ask us for help in preparing for the written test. What can I study in advance? What kinds of questions will be asked? How will the test be given? How will the papers be graded?

B. HOW ARE EXAMS DEVELOPED?

Examinations are carefully written by trained technicians who are specialists in the field known as "psychological measurement," in consultation with recognized authorities in the field of work that the test will cover. These experts recommend the subject matter areas or skills to be tested; only those knowledges or skills important to your success on the job are included. The most reliable books and source materials available are used as references. Together, the experts and technicians judge the difficulty level of the questions.

Test technicians know how to phrase questions so that the problem is clearly stated. Their ethics do not permit "trick" or "catch" questions. Questions may have been tried out on sample groups, or subjected to statistical analysis, to determine their usefulness.

Written tests are often used in combination with performance tests, ratings of training and experience, and oral interviews. All of these measures combine to form the best-known means of finding the right person for the right job.

II. HOW TO PASS THE WRITTEN TEST

A. BASIC STEPS

1) Study the announcement

How, then, can you know what subjects to study? Our best answer is: "Learn as much as possible about the class of positions for which you've applied." The exam will test the knowledge, skills and abilities needed to do the work.

Your most valuable source of information about the position you want is the official exam announcement. This announcement lists the training and experience qualifications. Check these standards and apply only if you come reasonably close to meeting them. Many jurisdictions preview the written test in the exam announcement by including a section called "Knowledge and Abilities Required," "Scope of the Examination," or some similar heading. Here you will find out specifically what fields will be tested.

2) Choose appropriate study materials

If the position for which you are applying is technical or advanced, you will read more advanced, specialized material. If you are already familiar with the basic principles of your field, elementary textbooks would waste your time. Concentrate on advanced textbooks and technical periodicals. Think through the concepts and review difficult problems in your field.

These are all general sources. You can get more ideas on your own initiative, following these leads. For example, training manuals and publications of the government agency which employs workers in your field can be useful, particularly for technical and professional positions. A letter or visit to the government department involved may result in more specific study suggestions, and certainly will provide you with a more definite idea of the exact nature of the position you are seeking.

3) Study this book!

III. KINDS OF TESTS

Tests are used for purposes other than measuring knowledge and ability to perform specified duties. For some positions, it is equally important to test ability to make adjustments to new situations or to profit from training. In others, basic mental abilities not dependent on information are essential. Questions which test these things may not appear as pertinent to the duties of the position as those which test for knowledge and information. Yet they are often highly important parts of a fair examination. For very general questions, it is almost impossible to help you direct your study efforts. What we can do is to point out some of the more common of these general abilities needed in public service positions and describe some typical questions.

1) General information

Broad, general information has been found useful for predicting job success in some kinds of work. This is tested in a variety of ways, from vocabulary lists to questions about current events. Basic background in some field of work, such as sociology or economics, may be sampled in a group of questions. Often these are principles which have become familiar to most persons through exposure rather than through formal training. It is difficult to advise you how to study for these questions; being alert to the world around you is our best suggestion.

2) Verbal ability

An example of an ability needed in many positions is verbal or language ability. Verbal ability is, in brief, the ability to use and understand words. Vocabulary and grammar tests are typical measures of this ability. Reading comprehension or paragraph interpretation questions are common in many kinds of civil service tests. You are given a paragraph of written material and asked to find its central meaning.

IV. KINDS OF QUESTIONS

1. Multiple-choice Questions

Most popular of the short-answer questions is the "multiple choice" or "best answer" question. It can be used, for example, to test for factual knowledge, ability to solve problems or judgment in meeting situations found at work.

A multiple-choice question is normally one of three types:

- It can begin with an incomplete statement followed by several possible endings. You are to find the one ending which *best* completes the statement, although some of the others may not be entirely wrong.
- It can also be a complete statement in the form of a question which is answered by choosing one of the statements listed.
- It can be in the form of a problem – again you select the best answer.

Here is an example of a multiple-choice question with a discussion which should give you some clues as to the method for choosing the right answer:

When an employee has a complaint about his assignment, the action which will *best* help him overcome his difficulty is to
- A. discuss his difficulty with his coworkers
- B. take the problem to the head of the organization
- C. take the problem to the person who gave him the assignment
- D. say nothing to anyone about his complaint

In answering this question, you should study each of the choices to find which is best. Consider choice "A" – Certainly an employee may discuss his complaint with fellow employees, but no change or improvement can result, and the complaint remains unresolved. Choice "B" is a poor choice since the head of the organization probably does not know what assignment you have been given, and taking your problem to him is known as "going over the head" of the supervisor. The supervisor, or person who made the assignment, is the person who can clarify it or correct any injustice. Choice "C" is, therefore, correct. To say nothing, as in choice "D," is unwise. Supervisors have and interest in knowing the problems employees are facing, and the employee is seeking a solution to his problem.

2. True/False

3. Matching Questions

Matching an answer from a column of choices within another column.

V. RECORDING YOUR ANSWERS

Computer terminals are used more and more today for many different kinds of exams.

For an examination with very few applicants, you may be told to record your answers in the test booklet itself. Separate answer sheets are much more common. If this separate answer sheet is to be scored by machine – and this is often the case – it is highly important that you mark your answers correctly in order to get credit.

VI. BEFORE THE TEST

YOUR PHYSICAL CONDITION IS IMPORTANT

If you are not well, you can't do your best work on tests. If you are half asleep, you can't do your best either. Here are some tips:

1) Get about the same amount of sleep you usually get. Don't stay up all night before the test, either partying or worrying—DON'T DO IT!
2) If you wear glasses, be sure to wear them when you go to take the test. This goes for hearing aids, too.
3) If you have any physical problems that may keep you from doing your best, be sure to tell the person giving the test. If you are sick or in poor health, you relay cannot do your best on any test. You can always come back and take the test some other time.

Common sense will help you find procedures to follow to get ready for an examination. Too many of us, however, overlook these sensible measures. Indeed, nervousness and fatigue have been found to be the most serious reasons why applicants fail to do their best on civil service tests. Here is a list of reminders:

- Begin your preparation early – Don't wait until the last minute to go scurrying around for books and materials or to find out what the position is all about.
- Prepare continuously – An hour a night for a week is better than an all-night cram session. This has been definitely established. What is more, a night a week for a month will return better dividends than crowding your study into a shorter period of time.
- Locate the place of the exam – You have been sent a notice telling you when and where to report for the examination. If the location is in a different town or otherwise unfamiliar to you, it would be well to inquire the best route and learn something about the building.
- Relax the night before the test – Allow your mind to rest. Do not study at all that night. Plan some mild recreation or diversion; then go to bed early and get a good night's sleep.
- Get up early enough to make a leisurely trip to the place for the test – This way unforeseen events, traffic snarls, unfamiliar buildings, etc. will not upset you.

- Dress comfortably – A written test is not a fashion show. You will be known by number and not by name, so wear something comfortable.
- Leave excess paraphernalia at home – Shopping bags and odd bundles will get in your way. You need bring only the items mentioned in the official notice you received; usually everything you need is provided. Do not bring reference books to the exam. They will only confuse those last minutes and be taken away from you when in the test room.
- Arrive somewhat ahead of time – If because of transportation schedules you must get there very early, bring a newspaper or magazine to take your mind off yourself while waiting.
- Locate the examination room – When you have found the proper room, you will be directed to the seat or part of the room where you will sit. Sometimes you are given a sheet of instructions to read while you are waiting. Do not fill out any forms until you are told to do so; just read them and be prepared.
- Relax and prepare to listen to the instructions
- If you have any physical problem that may keep you from doing your best, be sure to tell the test administrator. If you are sick or in poor health, you really cannot do your best on the exam. You can come back and take the test some other time.

VII. AT THE TEST

The day of the test is here and you have the test booklet in your hand. The temptation to get going is very strong. Caution! There is more to success than knowing the right answers. You must know how to identify your papers and understand variations in the type of short-answer question used in this particular examination. Follow these suggestions for maximum results from your efforts:

1) Cooperate with the monitor
The test administrator has a duty to create a situation in which you can be as much at ease as possible. He will give instructions, tell you when to begin, check to see that you are marking your answer sheet correctly, and so on. He is not there to guard you, although he will see that your competitors do not take unfair advantage. He wants to help you do your best.

2) Listen to all instructions
Don't jump the gun! Wait until you understand all directions. In most civil service tests you get more time than you need to answer the questions. So don't be in a hurry. Read each word of instructions until you clearly understand the meaning. Study the examples, listen to all announcements and follow directions. Ask questions if you do not understand what to do.

3) Identify your papers
Civil service exams are usually identified by number only. You will be assigned a number; you must not put your name on your test papers. Be sure to copy your number correctly. Since more than one exam may be given, copy your exact examination title.

4) Plan your time
Unless you are told that a test is a "speed" or "rate of work" test, speed itself is usually not important. Time enough to answer all the questions will be provided, but this

does not mean that you have all day. An overall time limit has been set. Divide the total time (in minutes) by the number of questions to determine the approximate time you have for each question.

5) Do not linger over difficult questions

If you come across a difficult question, mark it with a paper clip (useful to have along) and come back to it when you have been through the booklet. One caution if you do this – be sure to skip a number on your answer sheet as well. Check often to be sure that you have not lost your place and that you are marking in the row numbered the same as the question you are answering.

6) Read the questions

Be sure you know what the question asks! Many capable people are unsuccessful because they failed to *read* the questions correctly.

7) Answer all questions

Unless you have been instructed that a penalty will be deducted for incorrect answers, it is better to guess than to omit a question.

8) Speed tests

It is often better NOT to guess on speed tests. It has been found that on timed tests people are tempted to spend the last few seconds before time is called in marking answers at random – without even reading them – in the hope of picking up a few extra points. To discourage this practice, the instructions may warn you that your score will be "corrected" for guessing. That is, a penalty will be applied. The incorrect answers will be deducted from the correct ones, or some other penalty formula will be used.

9) Review your answers

If you finish before time is called, go back to the questions you guessed or omitted to give them further thought. Review other answers if you have time.

10) Return your test materials

If you are ready to leave before others have finished or time is called, take ALL your materials to the monitor and leave quietly. Never take any test material with you. The monitor can discover whose papers are not complete, and taking a test booklet may be grounds for disqualification.

VIII. EXAMINATION TECHNIQUES

1) Read the general instructions carefully. These are usually printed on the first page of the exam booklet. As a rule, these instructions refer to the timing of the examination; the fact that you should not start work until the signal and must stop work at a signal, etc. If there are any *special* instructions, such as a choice of questions to be answered, make sure that you note this instruction carefully.

2) When you are ready to start work on the examination, that is as soon as the signal has been given, read the instructions to each question booklet, underline any key words or phrases, such as *least, best, outline, describe*

and the like. In this way you will tend to answer as requested rather than discover on reviewing your paper that you *listed without describing*, that you selected the *worst* choice rather than the *best* choice, etc.

3) If the examination is of the objective or multiple-choice type – that is, each question will also give a series of possible answers: A, B, C or D, and you are called upon to select the best answer and write the letter next to that answer on your answer paper – it is advisable to start answering each question in turn. There may be anywhere from 50 to 100 such questions in the three or four hours allotted and you can see how much time would be taken if you read through all the questions before beginning to answer any. Furthermore, if you come across a question or group of questions which you know would be difficult to answer, it would undoubtedly affect your handling of all the other questions.

4) If the examination is of the essay type and contains but a few questions, it is a moot point as to whether you should read all the questions before starting to answer any one. Of course, if you are given a choice – say five out of seven and the like – then it is essential to read all the questions so you can eliminate the two that are most difficult. If, however, you are asked to answer all the questions, there may be danger in trying to answer the easiest one first because you may find that you will spend too much time on it. The best technique is to answer the first question, then proceed to the second, etc.

5) Time your answers. Before the exam begins, write down the time it started, then add the time allowed for the examination and write down the time it must be completed, then divide the time available somewhat as follows:
   • If 3-1/2 hours are allowed, that would be 210 minutes. If you have 80 objective-type questions, that would be an average of 2-1/2 minutes per question. Allow yourself no more than 2 minutes per question, or a total of 160 minutes, which will permit about 50 minutes to review.
   • If for the time allotment of 210 minutes there are 7 essay questions to answer, that would average about 30 minutes a question. Give yourself only 25 minutes per question so that you have about 35 minutes to review.

6) The most important instruction is to *read each question* and make sure you know what is wanted. The second most important instruction is to *time yourself properly* so that you answer every question. The third most important instruction is to *answer every question*. Guess if you have to but include something for each question. Remember that you will receive no credit for a blank and will probably receive some credit if you write something in answer to an essay question. If you guess a letter – say "B" for a multiple-choice question – you may have guessed right. If you leave a blank as an answer to a multiple-choice question, the examiners may respect your feelings but it will not add a point to your score. Some exams may penalize you for wrong answers, so in such cases *only*, you may not want to guess unless you have some basis for your answer.

7) Suggestions
   a. Objective-type questions
      1. Examine the question booklet for proper sequence of pages and questions
      2. Read all instructions carefully
      3. Skip any question which seems too difficult; return to it after all other questions have been answered
      4. Apportion your time properly; do not spend too much time on any single question or group of questions
      5. Note and underline key words – *all, most, fewest, least, best, worst, same, opposite,* etc.
      6. Pay particular attention to negatives
      7. Note unusual option, e.g., unduly long, short, complex, different or similar in content to the body of the question
      8. Observe the use of "hedging" words – *probably, may, most likely,* etc.
      9. Make sure that your answer is put next to the same number as the question
      10. Do not second-guess unless you have good reason to believe the second answer is definitely more correct
      11. Cross out original answer if you decide another answer is more accurate; do not erase until you are ready to hand your paper in
      12. Answer all questions; guess unless instructed otherwise
      13. Leave time for review

   b. Essay questions
      1. Read each question carefully
      2. Determine exactly what is wanted. Underline key words or phrases.
      3. Decide on outline or paragraph answer
      4. Include many different points and elements unless asked to develop any one or two points or elements
      5. Show impartiality by giving pros and cons unless directed to select one side only
      6. Make and write down any assumptions you find necessary to answer the questions
      7. Watch your English, grammar, punctuation and choice of words
      8. Time your answers; don't crowd material

8) Answering the essay question

Most essay questions can be answered by framing the specific response around several key words or ideas. Here are a few such key words or ideas:

M's: manpower, materials, methods, money, management
P's: purpose, program, policy, plan, procedure, practice, problems, pitfalls, personnel, public relations
a. Six basic steps in handling problems:
   1. Preliminary plan and background development
   2. Collect information, data and facts
   3. Analyze and interpret information, data and facts
   4. Analyze and develop solutions as well as make recommendations

5. Prepare report and sell recommendations
6. Install recommendations and follow up effectiveness

b. Pitfalls to avoid
1. *Taking things for granted* – A statement of the situation does not necessarily imply that each of the elements is necessarily true; for example, a complaint may be invalid and biased so that all that can be taken for granted is that a complaint has been registered
2. *Considering only one side of a situation* – Wherever possible, indicate several alternatives and then point out the reasons you selected the best one
3. *Failing to indicate follow up* – Whenever your answer indicates action on your part, make certain that you will take proper follow-up action to see how successful your recommendations, procedures or actions turn out to be
4. *Taking too long in answering any single question* – Remember to time your answers properly

EXAMINATION SECTION

EXAMINATION SECTION
ITALIAN LANGUAGE

Approximately three hours are allotted for this examination: 1 hour and 30 minutes for Section I, which consists of multiple-choice questions that assess listening and reading comprehension; and approximately 1 hour and 25 minutes for Section II, which consists of writing, cultural knowledge and speaking.

The use of dictionaries is not permitted during the examination.

SECTION I
Time - 1 hour and 30 minutes
Percent of total grade - 40

Part A: Time - Approximately 35 minutes: listening comprehension questions to test ability to understand spoken Italian

Part B: Suggested time - 55 minutes: passages with questions to test reading comprehension

If you have time remaining at the end, you may check your work on any part of Section I.

General Instructions

INDICATE ALL YOUR ANSWERS TO QUESTIONS IN SECTION I ON THE SEPARATE ANSWER SHEET. No credit will be given for anything written in this examination booklet, but you may use the booklet for notes or scratchwork. After you have decided which of the suggested answers is best, COMPLETELY fill in the corresponding oval on the answer sheet. Give only one answer to each question. If you change an answer, be sure that the previous mark is erased completely.

Many candidates wonder whether or not to guess the answers to questions about which they are not certain. In this section of the examination, as a correction for haphazard guessing, one-third of the number of questions you answer incorrectly will be subtracted from the number of questions you answer correctly. It is improbable, therefore, that mere guessing will improve your score significantly; it may even lower your score, and it does take time. If, however, you are not sure of the correct answer but have some knowledge of the question and are able to eliminate one or more of the answer choices as wrong, your chance of getting the right answer is improved, and it may be to your advantage to answer such a question.

Use your time effectively, working as rapidly as you can without losing accuracy. Do not spend too much time on questions that are too difficult. Go on to other questions and come back to the difficult ones later if you have time. It is not expected that everyone will be able to answer all the multiple-choice questions.

ITALIAN LANGUAGE
SECTION I
Time - 1 hour and 30 minutes
PARTA
Time - Approximately 35 minutes

DIRECTIONS: For each question in this part, you will hear a brief exchange between two people. From the four choices in your test booklet, choose the appropriate answer.

DIALOGUE 1: *A telephone call between two friends*

1. A. Al telefono   1.____
    B. A casa
    C. Per strada
    D. In un ristorante

2. A. Roma   2.____
    B. New York
    C. Londra
    D. Firenze

3. A. La mattina   3.____
    B. Per pranzo
    C. A mezzanotte
    D. Alle venti

4. A. Al museo   4.____
    B. Al ristorante San Giminiano Vecchio
    C. Al cinema
    D. In un giardino pubblico

DIALOGUE 2: *A conversation in a department store*

5. A. Le dice "Buongiorno"   5.____
    B. Ciao, che vuoi?
    C. Buona sera
    D. Arrivederla

6. A. Il figlio   6.____
    B. Per se stessa
    C. Il padre
    D. Il marito

7. A. È Natale   7.____
    B. Il padre parte
    C. È il compleanno del padre
    D. Perché il padre non ha vestiti

8. A. No sono tutti brutti   8.____
    B. Si ne trova uno che le piace
    C. I colori sono belli
    D. La stoffa è di buona qualità

DIALOGUE 3: *A conversation between two students*

9. A. Le ultime notizie
   B. Il cinema
   C. Le loro vacanze
   D. Il corso di lingua

   9.____

10. A. Parlare
    B. La grammatica
    C. Leggere
    D. Andare a scuola

    10.____

11. A. Dove andranno in comitiva
    B. Che ora è
    C. Le regole di grammatica
    D. A che ora finisce la classe

    11.____

12. A. Che i loro metodi per imparare una lingua sono diversi.
    B. Studiare una lingua straniera è difficile.
    C. Preferiscono la matematica.
    D. Il corso finirà presto.

    12.____

DIRECTIONS: You will now listen to several selections. Each selection will be followed by a series of spoken questions based on content. During the pause, select the best answer to each question from atnong the four choices printed in your test booklet, and piace your answer on the line at the right.

SELECTION NUMBER 1

NOW GET READY TO LISTEN TO THE FIRST SELECTION

13. A. Europea
    B. Africana
    C. America Centrale e Messico
    D. Tutto il mondo

    13.____

14. A. Medicina cinese
    B. Tanti colori
    C. Papaina
    D. Molto zucchero

    14.____

15. A. Perdere peso
    B. Mangiare carne
    C. La papaya fermentata
    D. Piantare alberi

    15.____

16. A. Dormire
    B. Purificare il sangue
    C. Il mal di testa
    D. Dissenteria e reumatismi

    16.____

4

SELECTION NUMBER 2

NOW GET READY TO LISTEN TO THE SECOND SELECTION

17. A. Londra
     B. Africa
     C. Nassiriya
     D. Gli Stati Uniti

17.____

18. A. Uno
     B. Molti
     C. Tre
     D. Cento

18.____

19. A. Iraq
     B. Italia
     C. Russia
     D. Australia

19.____

20. A. A Natale
     B. La festa dell"Esercito
     C. Il compleanno del Capo di Stato
     D. Nulla

20.____

21. A. Il 145 anniversario della costituzione dell'Esercito
     B. La nascita della Repubblica Italiana
     C. Una vittoria di Giulio Cesare
     D. La morte di Plautus

21.____

SELECTION NUMBER 3

NOW GET READY TO LISTEN TO THE THIRD SELECTION

22. A. Una persona
     B. Una famiglia
     C. Quattro persone
     D. Un intero paese

22.____

23. A. Un ora
     B. Dieci minuti
     C. Un giorno
     D. Quarantacinque minuti

23.____

24. A. Pungendo la coscia
     B. Tagliando il pollo a pezzi
     C. Mangiandone un pò
     D. Domandando alla cuoca

24.____

25. A. Pasta
     B. Vegetali
     C. Patatine arrosto ed insalata
     D. Fagioli

25.____

SELECTION NUMBER 4

NOW GET READY TO LISTEN TO THE FOURTH SELECTION

26.   A.   Sì, certo
         B.   Qualche volta
         C.   No mai
         D.   Una volta all'anno

                                                                                       26._____

27.   A.   Crescono in casa
         B.   Solo concimi naturali vengono usati
         C.   Usano chimici
         D.   Non usano niente

                                                                                       27._____

28.   A.   Mucche ed animali di cortile
         B.   Gli uccelli
         C.   I serpenti
         D.   Le ditte chimiche

                                                                                       28._____

29.   A.   Uova e latte
         B.   Pane e carne
         C.   Latte
         D.   Pesce

                                                                      29._____

SELECTION NUMBER 5

NOW GET READY TO LISTEN TO THE FIFTH SELECTION

30.   A.   Per una vacanza in montagna
         B.   Una crociera
         C.   Una mostra d'arte
         D.   Vacanze in barca a vela

                                                                    30._____

31.   A.   Vacanza Barca Vela
         B.   Crociera in Sardegna
         C.   Sardegna Charter
         D.   La Piccola Barca

                                                                    31._____

32.   A.   070.491042
         B.   178.2215732
         C.   815
         D.   149560

                                                                    32._____

33.   A.   Sardegna Charter
         B.   Sirigu Mauro
         C.   La Camera di Commercio
         D.   Albo Professionale Istruttori Nautici

                                                                    33._____

SELECTION NUMBER 6

NOW GET READY TO LISTEN TO THE SIXTH SELECTION

34.   A. Ampi spazi informativi sulle programmazioni cinematografiche.   34.____
      B. Articoli interessanti
      C. Notizie politiche
      D. Si dedica alla pubblicità

35.   A. La notorietà degli eventi   35.____
      B. Il pubblico
      C. Il prezzo
      D. Il numero di turisti

36.   A. Le locandine dei film   36.____
      B. I cartelloni dei teatri
      C. Sia A che B
      D. Notizie quotidiane

SELECTION NUMBER 7

NOW GET READY TO LISTEN TO THE SEVENTH SELECTION

37.   A. Un grande fotografo   37.____
      B. Un pittore
      C. Uno scrittore
      D. Un giornalista

38.   A. 1900   38.____
      B. 1936-1961
      C. 2001
      D. 1700-1800

39.   A. Museo d'Arte Moderna   39.____
      B. Museo di Roma Palazzo Braschi
      C. Complesso del Vittoriano
      D. Galleria Nazionale d'Arte

40.   A. Fino a settembre   40.____
      B. Fino al 31 maggio
      C. Il 2008
      D. Fino al 25 dicembre

END OF PART "A"

ITALIAN LANGUAGE
SECTION I
PART B
Time - Approximately 55 minutes

DIRECTIONS: In each of the following paragraphs, there are numbered blanks indicating that words or phrases have been omitted. for each numbered blank, four completions are provided. First read through the entire selection, then, for each numbered blank, choose the completion that is most appropriate and piace your answer on the line at the right.

Zenzero contro la nausea

In oriente, la___(41)___di zenzero viene utilizzata da millenni sia a scopi culinary,___(42)___ curativi, per la sua positiva azione nelle infiammazioni del___(43)___gastrointestinale. ___(44)___è stata confermata la fondatezza di molti dei___(45)___impieghi terapeutici ___(46)___, in particolare contro la cinetosi (mal di mare e d'auto) e, in generale, per i ___(47)___associati alla nausea, come stordimento e vomito. La fitoterapia lo consiglia, tra l'altro, per combattere___(48)___e influenza.

41. A. pianta   41.____
     B. radice
     C. foglia
     D. fiore

42. A. sia   42.____
     B. che
     C. chi
     D. per

43. A. sistema   43.____
     B. corpo
     C. sangue
     D. bile

44. A. ieri   44.____
     B. oggi
     C. dopo
     D. prima

45. A. loro   45.____
     B. molti
     C. pochi
     D. suoi

46. A. moderni   46.____
     B. tradizionali
     C. nuovi
     D. vecchi

47. A. dolori
    B. pene
    C. sintomi
    D. gioie

47._____

48. A. nausea
    B. mal di testa
    C. cinetosi
    D. raffreddori

48._____

Mio caro amico,
___(49)___qui solo in una grande città, circondato da stranieri e___(50)___da me per risolvere il problema dell'esistenza.
___(51)___benissimo che tu___(52)___essere in pensiero per me, e___(53)___mi affretto a___(54)___come mi trovo nella___(55)___nuova posizione.
Io non sono___(56)___depresso né spaventato, né scoraggiato.

49. A. sono
    B. ero
    C. fui
    D. mi

49._____

50. A. giocando
    B. lottando
    C. ridendo
    D. scrivendo

50._____

51. A. c'è
    B. so
    C. penso
    D. credo

51._____

52. A. sei
    B. devi
    C. sarai
    D. fosti

52._____

53. A. quindi
    B. forse
    C. perciò
    D. pure

53._____

54. A. parlarti
    B. scriverti
    C. telefonarti
    D. leggere

54._____

55. A. tua
    B. nostra
    C. meglio
    D. mia

55._____

56. A. non
    B. per
    C. né
    D. se

56.____

Antonello da Messina -

Le scuderie___(57)___Quirinale riuniscono___(58)___la prima volta___(59)___tutte le opere di uno dei___(60)___grandi maestri del Quattrocento e di___(61)___la storia dell'arte in una mostra___(62)___si preannuncia___(63)___un evento unico e probabilmente irripetibile.

57. A. al
    B. in
    C. del
    D. e

57.____

58. A. con
    B. da
    C. per
    D. in

58.____

59. A. quasi
    B. poche
    C. tutte
    D. delle

59.____

60. A. più
    B. meno
    C. molto
    D. solo

60.____

61. A. quella
    B. tutta
    C. nella
    D. sulla

61.____

62. A. di
    B. chi
    C. che
    D. da

62.____

63. A. a
    B. come
    C. gli
    D. per

63.____

DIRECTIONS: Read the following passages carefully for comprehension. Each passage is followed by a number of questions. Select the answer that is best according to the passage and fill in the corresponding oval on the answer sheet. There is no sample question for this part.

Passage 1
This selection was originally published in: **LOVE STORY - by Erich Segai**

Che cosa si può dire di una ragazza morta a venticinque anni?

Che era bella. E simpatica. Che amava Mozart e Bach. E i Beatles. E me. Una volta che mi aveva messo specificamente nel mucchio con tutti quei tizi musicali, le chiesi l'ordine di preferenza, e lei rispose sorridendo: «Alfabetico.» Sul momento sorrisi anch'io. Ora però mi chiedo se nell'elenco io comparivo con il nome - nel qual caso sarei venuto dopo Mozart - oppure con il cognome, perché mi sarei trovato tra Bach e i Beatles. In ogni modo non venivo per primo, il che sarà idiota ma mi secca terribilmente essendo cresciuto con l'idea che devo sempre essere il numero uno. Eredità di famiglia, capite?

Nell'autunno dell'ultimo anno di università avevo preso l'abitudine di frequentare la biblioteca di Radcliffe, e non soltanto per guardare le ragazze, anche se devo ammettere che la cosa non mi dispiaceva. Il posto era tranquillo, nessuno mi conosceva e i libri erano poco richiesti. Era la vigilia di un esame di storia e non avevo ancora letto il primo libro dell'elenco, malattia endemica di Harvard. Camminai fino al tavolo dove davano i testi in consultazione per prendere uno dei volumi che l'indomani avrebbero dovuto aiutarmi. Due ragazze lavoravano li; una era un tipo qualsiasi, alta, la classica giocatrice di tennis; l'altra un topolino con gli occhiali. Optai per Minnie Quattrocchi.

«Hai, L'Autunno del Medio Evo?» Mi lanciò un'occhiata di sotto in su. «Non hai la tua biblioteca?» mi domandò, «Stai a sentire: Harvard ha il diritto di usare la biblioteca di Radcliffe.» « Non è una questione di legalità, preppie, ma di etica. Voi avete cinque milioni di volumi, noi ne abbiamo poche luride migliaia.»

64.   Quale frase meglio descrive il brano?   64.____

      A.   Un ragazzo che descrive se stesso
      B.   La vita in città
      C.   Un capitolo nella vita di uno studente universitario
      D.   Un musicista che viveva a Radcliffe

65.   Che cosa si può dire della ragazza?   65.____

      A.   Era brutta
      B.   Non le piaceva la musica
      C.   È morta a venticinque anni
      D.   Viveva nella biblioteca

66. Quale abitudine aveva preso il protagonista? 66.____

    A. Di dormire poco
    B. Giocare al baseball
    C. Andare a sciare
    D. Frequentare la biblioteca di Radcliffe

67. Quanti libri aveva letto alla vigilia dell'esame di storia? 67.____

    A. Molti
    B. Pochi
    C. Tutti quelli che c'erano
    D. Non aveva ancora letto il primo

68. Quale libro ha richiesto a " Minnie Quattrocchi?" 68.____

    A. Il Mondo
    B. Biancaneve
    C. Tosca
    D. "L'Autunno del Medio Evo."

69. Quanti libri ha la biblioteca di Radcliffe? 69.____

    A. Milioni
    B. Pochi
    C. Cento
    D. Poche luride migliaia

Passage 2
This selection was originally published in: **Testimone del Tempo - by Enzo Biagi**

Ho cinquant'anni. L'età giusta per tentare un bilancio. Trenta li ho passati girando il mondo, dietro il bancone della tipografia, lavorando per la TV. Buona parte della mia vita se ne è andata raccontando notizie. Non ho da lamentarmi; il mio lavoro mi è sempre piaciuto, mi piace ancora.

« Io», ha scritto Indra Montanelli ricordando il collega John Gunther, «sono nato pubblico». È una definizione che mi assomiglia. Ho cercato di servire i lettori, la gente. C'è chi va in cerca di statistiche; il mio interesse è sempre stato per i fatti. I dati, per quanto significativi, cambiano in fretta; anche gli uomini mutano, ma restano le loro vicende. Se ripenso ai personaggi incontrati, da quando ero giovane cronista ad oggi, che mi avvio alla conclusione, mi trovo di fronte a un campionario di «tipi» di ogni genere: dal bandito Casardi, autore di una strage, che intervistai in una stanza di ospedale, al «criminale di guerra» maresciallo Albert Kesselring, che mi ricevette, in una tiepida giornata d'autunno, tra i fiori un pò spenti di un quieto, ordinato giardino, dal cardinale Wyszynski a Giovanni XXIII, da Heuss a Willi Brandt; da Clara Calamai a Zarah Leander, maliarde al tramonto, dal romanziere quasi centenario Sillanpaa, che rievocava ancora la prima delusione d'amore, al poeta Quasimodo che mi parlava di nemici e di donne.

Ho raccolto dal mio «campionario» i brani che mi sembrano più resistenti che possono magari offrire qualche spunto per tracciare, a chi vorrà fare il ritratto di mezzo secolo, la storia del tempo faticoso che ci è toccato di vivere.

Li ho rivisti, qualche volta li ho riscritti, ma non ho cambiato la sostanza dei resoconti; valga anche per me la giustificazione di Gandhi: «Le opinioni che ho formulato e le conclusioni a cui sono giunto non sono definitive; posso cambiarle domani».

70. Quanti anni ha l'autore?   70._____

    A. È un bambino
    B. 15 anni
    C. È vecchio
    D. Ha cinquant'anni

71. Che cosa ha fatto una buona parte della sua vita?   71._____

    A. Ha fatto il marinaio
    B. Lavorava in un ospedale
    C. Non ha fatto niente
    D. Ha raccontato notizie

72. Per chi lavorava l'autore?   72._____

    A. Per una stazione radio
    B. Una fabbrica di machine
    C. Lavorava per la TV
    D. Non si ricorda

73. Chi ha scritto - «Io sono pubblico»?   73._____

    A. John Wayne
    B. Indro Montanelli
    C. Un insegnante
    D. Giovanni XXIII

74. Che cosa ha detto Gandhi?   74._____

    A. Ha parlato di nemici e di donne
    B. Che si faceva una passeggiata nel giardino
    C. Rievocò la sua prima delusione d'amore
    D. Le opinioni che ho formulato e le conclusioni a cui sono giunto non sono definitive; posso cambiarle domani.

Passage 3
This selection was originally published in: **La piccola Fadette - by George Sand**

Era un piacere veder crescere i due gemelli, sani, svelti e di tempra così robusta da non soffrire neppure durante la dentizione.

Essi erano biondi - e tali si conservarono per tutta la vita - con volti simpaticissimi, grandi occhi azzurri, le spalle bene aperte, la persona diritta e gagliarda, più alti e arditi dei loro coetanei; gli abitanti dei dintorni, che passavano per il villaggio della Cosse, si fermavano a guardarli, si stupivano della loro somiglianzà e se ne andavano dicendo:

Una gran bella coppia di ragazzi! - Cosi, fin dalla più tenera età, i due fanciulli si abituarono ad essere esaminati, interrogati, a sciogliersi da ogni ritrosia, a rispondere a tutti con disinvoltura, invece di nascondersi dietro i cespugli, come fanno talora i bambini di campagna quando vedono un forestiero; essi andavano incontro a chiunque, con istintiva dignità, e conversavano senza incollare il mento sul petto, senza farsi pregare.

Al primo momento, i viandanti non distinguevano l'uno dall'altro: - Un uovo eguale ad un uovo! - Ma dopo averli osservati un quarto d'ora, si accorgevano che Lando era un tantino più alto e più forte, con i capelli folti, il naso più delineato, gli occhi molto più vivaci.

Egli aveva anche più spaziosa la fronte, l'aria più risoluta, e sulla guancia sinistra un piccolo segno che il fratellino aveva sulla destra.

Perciò gli abitanti delle case vicine li riconoscevano abbastanza bene: tuttavia accadeva, o all'imbrunire o ad una certa distanza, di non distinguerli più, anche perché i gemelli possedevano lo stesso timbro, le stesse inflessioni di voce; e poiché sapevano di poter essere confusi, essi rispondevano al nome dell'uno o dell'altro, senza darsi la pena di avvertire dello sbaglio.

Persino papa Barbeau li scambiava qualche volta; e come aveva predetto Comare Saggetta, non vi era che la mamma che non si ingannasse mai, anche se la notte era profonda, anche se i due birichini erano molto lontani, ed anche se parlavano, nascosti nell'ombra.

75. Di chi parla questo brano?　　　　　　　　　　　　　　　　　　　　　75.____

    A.　Di una ragazza
    B.　Di due gemelli
    C.　Di un ricco mercante
    D.　Artisti famosi

76. Di che colore erano i loro capelli?　　　　　　　　　　　　　　　　76.____

    A.　Rossi
    B.　Azzurri
    C.　Biondi
    D.　Castani

77. Come si chiamava il loro villaggio?　　　　　　　　　　　　　　　77.____

    A.　Parigi
    B.　New York
    C.　Cosse
    D.　Non si sa

78. Qual'era il nome di uno dei fanciulli?　　　　　　　　　　　　　78.____

    A.　Marco
    B.　Paolo
    C.　Giovanni
    D.　Lando

79. Chi era il loro papa?　　　　　　　　　　　　　　　　　　　　　79.____

    A.　Il signor Barbeau
    B.　Geppetto
    C.　Babbo Natale
    D.　Il signor Rossi

80. Chi era sempre abile di riconoscerli? 80.____

    A. Il vicino di casa
    B. Il papa
    C. La mamma
    D. La comare

Passage 4
This selection was originally published in: Il Messaggero.it

Noi e la fortuna

Gentile Dottor Gervaso, le stelle stanno a guardare. La buona e la cattiva sorte esistono da sempre. Anticamente si affidavano a ogni costellazione la nascita e la fortuna dell'uomo. Ma, nella credenza popolare, un antico adagio dice saggiamente: «Aiutati che Dio ti aiuta». E ancora: «Ognuno e' arbitro della propria fortuna».
La protezione degli astri incide sulle nostre scelte, sul libero arbitrio o è, invece, "ricambio" che ci viene restituito dopo avere acquistato meriti presso il cielo per una buona azione quotidiana, per un sorriso e una parola di conforto, dati a chi soffre, per una rinuncia che ci costa sacrificio o, comunque, per una vita in cui si è compresa l'importanza dell'essere?

Cara Signora, scusi se rispondo con secoli di ritardo alla sua lettera, ma, mi creda, non so più come far fronte alla valanga di corrispondenza, cartacea o elettronica, che m'investe e mi sommerge. Io sono un vecchio artigiano che fa tutto, o quasi, da sé, che non usa il computer, e nemmeno sa accenderlo, ma ammira e odia chi, con diabolica abilità, maneggia il mouse (si chiama così?).
E veniamo alla sua domanda, io le stelle le guardo perché mi danno il senso di infinità cosmica e dei suoi insondabili misteri, perché mi colmano di rapinoso sgomento, perché mi fanno sognare e fantasticare. Ma non le ho mai consultate, né direttamente ne per interposta persona, attraverso maghi, mughetti, magoni, astrologi e ciarlatani vari, perché non sono oracoli Cosa vuole che una stella sappia di me, di mia moglie, del mio lavoro, della mia salute, dei miei guai o delle mie fortune? E, se lo sapesse, che gliene importerebbe? Chi interroga gli astri o è un visionario o è un ingenuo o è un impostore, oppure un astronomo, un astrofisica che studia il cielo e cerca di carpirne i segreti e di svelarne gli arcani. La sua non è una speculazione o un gioco; è una ricerca e, come tale, va rispettata e onorata. La superstizione, e anche una certa letteratura fantastica e mitologica, attribuiscono agli astri, alle loro congiunzioni e opposizioni, poteri che non hanno, anche perché nessuno glieli ha mai attribuiti con un 'investitura tangibile e solenne.
Lasci stare le stelle, non ne cerchi la protezione, non perda tempo e non butti soldi con i moderni Cagliostro e Nostradamus. I quali, non sapendo fare altro, vendono fumo ai gonzi disposti ad acquistarlo a qualunque prezzo. La vita è una cosa troppo seria per affidarla ai responsi dei ciurmatori, meglio meditare sui vecchi adagi popolari: «Aiutati che Dio ti aiuta», «Ciascuno è arbitro della propria fortuna». Se io oggi sono quello che sono non lo devo alle Cassandre, ai Melampi, ai Geremia, a chi ha fatto fortuna consultando Marte, Venere, Saturno, Giove, pianeti che se ne infischiano di quella gran palla che è la Terra. Io, quello che sono, lo devo solo e soltanto a me stesso, a ciò che ho fatto di buono o di cattivo, ai miei sacrifici, alle mie lotte, non tutte vinte, ma sempre combattute con coraggio, a viso aperto.
La fortuna esiste per il solo fatto che niente è mai prevedibile. La nostra esistenza è irta di ostacoli, ma anche d'incognite.

81. A che cosa si affidavano la nascita e la fortuna dell'uomo anticamente?   81._____

    A. A ogni costellazione
    B. Al tempo
    C. Al caso
    D. Ai genitori

82. Che cosa dice un antico adagio?   82._____

    A. Non pensare troppo
    B. Aiutati che Dio ti aiuta
    C. Mangia e bevi e sii felice
    D. Non dice niente

83. Ha mai consultato le stelle il Dottor Gervaso?   83._____

    A. Si spesso
    B. Ogni anno
    C. No non le ha mai consultate
    D. Solo sul suo lavoro

84. Che consiglio da alla sua lettrice?   84._____

    A. Lasci stare le stelle non ne cerchi la protezione
    B. Di consultare le stelle
    C. Studi astrologia
    D. Faccia ricerca per un mago famoso

85. Secondo il dottore esiste la fortuna?   85._____

    A. Non per tutti
    B. Si, per il solo fatto che niente è mai prevedibile
    C. Solo per gli uomini
    D. Secondo lui non esiste

Passage 5
This selection was originally published in: **Cuore - by Edmondo De Amicis**

Il primo della classe

25, venerdi

    Garrone s'attira l'affetto di tutti; Derossi, l'ammirazione. Ha preso la prima medaglia, sarà sempre il primo anche quest'anno, nessuno può competere con lui, tutti riconoscono la sua superiorità in tutte le materie. È il primo in aritmetica, in grammatica, in composizione, in disegno, capisce ogni cosa a volo, ha una memoria meravigliosa, riesce in tutto senza sforzo, pare che lo studio sia un gioco per lui. Il maestro gli disse ieri:- Hai avuto dei grandi doni da Dio; non hai altro a fare che non sciuparli.- E per di più è grande, bello, con una gran corona di riccioli biondi, lesto che salta un banco appoggiandovi una mano su; e sa già tirare di scherma. Ha dodici anni, è figliuolo d'un negoziante, va sempre vestito di turchino con dei bottoni dorati, sempre vivo, allegro, garbato con tutti, e aiuta quanti può all'esame, e nessuno ha mai osato fargli uno sgarbo o dirgli una brutta parola. Nobis e Franti soltanto lo guardano per traverso e Votini schizza invidia dagli occhi; ma egli non se n'accorge neppure. Tutti gli sorridono e lo pigliano per una mano o per un braccio quando va attorno a raccogliere i lavori, con quella sua maniera graziosa. Egli regala dei giornali illustrati, dei disegni, tutto quello che a casa regalano a lui; ha fatto per il calabrese una piccola carta geografica delle Calabrie; e da tutto, ridendo, senza badarci, come un gran signore, senza predilizioni per alcuno. È impossibile non invidiarlo, non sentirsi da meno di lui in ogni cosa. Ah! io pure, come Votini, l'invidio, e provo un'amarezza, quasi un certo dispetto contro di lui, qualche volta, quando stento a fare il lavoro a casa e penso che a quell'ora egli l'ha già fatto, benissimo e senza fatica. Ma poi, quando torno a scuola, a vederlo cosi bello, ridente, trionfante, a sentire come risponde alle interrogazioni del maestro franco e sicuro, e com'è cortese, e come tutti gli vogliono bene, allora ogni amarezza, ogni dispetto mi va via dal cuore, mi vergogno d'aver provato quei sentimenti. Vorrei essergli sempre vicino allora; vorrei poter fare tutte le scuole con lui; la sua presenza, la sua voce mi mette coraggio, voglia di lavorare, allegrezza, pia-cere. Il maestro gli ha dato da copiare il racconto mensile che leggerà domani: *La piccola vedetta lombarda;* egli lo copiava questa mattina, ed era commosso da quel fatto eroico, tutto acceso nel viso, cogli occhi umidi e con la bocca tremante; e io lo guardavo; com'era bello e nobile! Con che piacere gli avrei detto sul viso francamente:- Derossi, tu vali in tutto più' di me! Tu sei un uomo a confronto mio! Io ti rispetto e ti ammiro!

86. Ci si attira l'affetto di tutti?   86.____

    A. L'autore
    B. Garrone
    C. Il calabrese
    D. Derossi

87. Chi ha preso la prima medaglia: 87.____

    A. Il maestro
    B. Nobis
    C. Derossi
    D. Voltini

88. Quanti anni ha Derossi?   88.____

    A. 12 anni
    B. 10 anni
    C. 8 anni
    D. Non si sa

89. Che sentimenti ha Votini verso Derossi?   89.____

    A. Lo ammira
    B. Lo trova simpatico
    C. Lo invidia
    D. Vuole essergli amico

90. Che cosa gli ha dato il maestro da copiare?   90.____

    A. Un disegno
    B. L'esame di matematica
    C. Un tema
    D. La piccola vedetta lombarda

ITALIAN LANGUAGE
SECTION II
Time - 1 hour and 25 minutes
Percent of total grade - 60

Part A: Time - 40 minutes:

This part is a test of your ability to write in Italian. It consists of two completion sets and one essay on a given topic.

When thè supervisor announces thè time at which each of thè tasks should be completed, you should go on to thè next exercise. If you finish before time is called, you may check your work on Part A, but you may NOT go on to Part B.

Write only in the lined spaces provided for the answers. Scratchwork may be done on the perforated blue insert enclosed in the booklet. Writing or notes made on the blue sheet will not be counted.

You should write your answers with a pen, preferably in black or dark blue ink. If you must use a pencil, be sure it has a well-sharpened point. Be sure to write CLEARLY and LEGIBLY. Cross out any errors you make.

Part B: Time - 30 minutes:

This part is made up of one question to be answered in composition form. It tests your knowledge and understanding of Italian culture.

Part C: Time - 15 minutes

This part is a test of your ability to speak in Italian. You will be asked to speak in a variety of ways and to record your voice. You will also be asked to start and stop your recorder several times. Be sure to follow the instructions you will hear.

When you are told to begin, open your pink booklet, gently tear out the blue insert, and start work on Part A. Write your answers to Part A in the pink booklet. Do not open the Part B green booklet until you are told to do so.

DO NOT OPEN THIS BOOKLET UNTIL YOU ARE TOLD TO DO SO.

ITALIAN LANGUAGE
SECTION II - PART A
Time - 40 minutes

DIRECTIONS: Read the following passage. Then, based on the context provided by the entire passage, write on the line after each number the correct form of the verb in parentheses. In order to receive credit, you must speli thè verb correctly and piace accents and apostrophes where necessary. Be sure to write the verb on the line even if no change is needed.

___(1)___deciso di non confidarmi con nessuno, di___(2)___da solo tutto il peso. Perciò ___(3)___al vecchio Jonas una balla qualsiasi, non___(4)___più neppure quale. Gli___(5)___ che in quel momento non mi___(6)___di lasciare New York e che speravo che mi___(7)___ compreso. Ma___(8)___deluso dalla mia reazione a quella che___(9)___palesemente una proposta molto onorifica. Oh, Cristo Jonas, quando___(10)___il vero motivo!

1. _____(avere)
2. _____(portare)
3. _____(raccontare)
4. _____(ricordare)
5. _____(dire)
6. _____(sentire)
7. _____(avere)
8. _____(rimanere)
9. _____(essere)
10. _____(sapere)

DIRECTIONS: Read the following passage. Then, based on the context provided by the entire passage, write on the line after each number ONE single Italian word that is correct in meaning and form. In order to receive credit, you must spell the word correctly and place accents and apostrophes where necessary. Be sure to write a word for every blank.

Perché chiedersi___(11)___dove veniamo,___(12)___andiamo? Perché immaginare l'aldilà ___(13)___le sue varie dislocazioni,___(14)___chiamino___(15)___, purgatorio, paradiso, limbo, la___(16)___inquietante e la più vaga? ___(17)___che serve? A___(18)___. O solo a togliere il sonno___(19)___la voglia di vivere a chi___(20)___basta a se stesso.

11. _____
12. _____
13. _____
14. _____
15. _____
16. _____
17. _____
18. _____
19. _____
20. _____

DIRECTIONS: Write in Italian a well-organized and coherent composition of about 150 to 200 words on the topic below. You may want to take a few minutes to organize your thoughts before you begin to write your composition. Your work will be evaluated for grammatical accuracy and spelling for variety, range, and appropriateness of vocabulary and idioms, and for organization.

NO extra credit will be given for exceeding the prescribed length.
NO credit will be given for compositions that are too short.
NO credit will be given for a composition that does not address the topic.
Do not write using capital letters only, since it will affect your grade level.
Take some lime to PROOFREAD your work. WRITE LEGIBLY.

Composition:

21. **Nel vostro parere, sarebbe avvantaggioso aver gli allievi indossare un uniforme scolastica? Discutere i vantaggi e svantaggi dell'idea.**

ITALIAN LANGUAGE
SECTION II - PART B
Time - 30 minutes

DIRECTIONS: Write in Italian a well-organized and coherent composition of about 150 words on the topic below. Imagine you are writing the composition to submit it to an Italian writing contest. You should take a few minutes to organize your thoughts before you begin to write the composition. Your work will be evaluated for your knowledge of Italian culture, as well as its organization and clarity, range and appropriateness of vocabulary, grammatical accuracy and spelling.

Scegli una città italiana grande o piccola, famosa oppure no. Descrivi almeno DUE elementi (avvenimenti, persone, monumenti, usi, costumi, ecc.) che la rendono importante e spiega perché. Giustifica la tue opinione facendo riferimento a letture, film, esperienze personali o discussioni in classe.

ITALIAN LANGUAGE
SECTION II - PART C
Time- 15 minutes

DIRECTIONS: Follow the instructions as provided by the master recording. You will be asked to speak in a variety of ways, and to record your voice. Follow carefully the directions for stopping and starting your tape recorder. At the end of the examination you should be sure to verify that your voice has been recorded.

(Announcer)

This is the speaking part of the Italian Language Examination. Your spoken responses to questions or statements will be recorded. Your score will be based on what is on the tape. It is important, therefore, that you speak loudly enough for the machine to record what you say. You will be asked to start and stop your recorder at various points in the test. In each case, you will be told when to turn your machine to the "Record" position and when to turn it off.

Follow the directions and record only when told to do so. You will now hear a number of recorded instructions that you should follow. The statements or questions you will hear are not printed in your booklet. Each question or statement will be spoken twice. After the sound of the tone, you will have 20 seconds to respond in Italian. A second tone will sound after 20 seconds have elapsed. Always wait until you hear the tone signal before you speak. Answer each question fully; your ability to express yourself fluently and correctly will be the main basis for your score.

Now you will hear a sample question, spoken twice, typical of the questions you will be asked. Try to answer it. Your answer to this question will not be recorded or scored. Here is the sample question:

[SAMPLE QUESTION]

(Announcer)

You will be scored on the next five (5) questions or statements. The quality as well as the quantity of your response will affect your grade. Credit will be deducted if the answer is too short, you should therefore use all the available time. Turn the recorder to the "Record" position and start the tape.

[LISTEN FOR SPOKEN QUESTIONS 1-5]

You will now be asked to speak in Italian about the pictures you see. You will have 2 minutes to look at and think about all the pictures in which to relate the sequence of events depicted. Be sure to consider each of the six pictures. No tone will sound between each frame; move directly from one picture to the next in the following sequence - left to right, top to bottoni. You will be scored on the appropriateness, grammatical accuracy, range of vocabulary, pronunciation, and fluency of your response. Address each picture. The length of your response and the number of pictures addressed will affect your score. Do not start your tape recorder until you are told to do so.

(Announcer)

Begin to look at and think about the pictures. (2 minutes) Now turn your tape recorder to the "Record" position and start the tape moving through the machine. (6 seconds) You will have a total of 2 minutes to relate the sequence of events in all of the six pictures. When you have finished speaking, please indicate in either English or Italian the fact that you have finished and give your AP number. Begin as soon as you hear the tone signal. Tone (2 minutes).

BEGIN SPEAKING

Stop your tape recorder. This is the end of the Advanced Placement Italian Language Examination. Close your booklet. At the tone signal, begin to rewind the tape. Tone(10 seconds). Stop your recorder even though the tape is not completely rewound. (6 seconds) You should listen to your tape to make sure that your voice has been recorded. In the event that your voice was not recorded, raise your hand and the supervisor will help you. Now turn your tape recorder to the "Play" position and start the tape moving through the machine. (20 seconds) Stop your tape recorder. If your voice was not recorded, raise your hand and the supervisor will help you. Now rewind your tape completely. (10 seconds) Remove your tape from the machine and wait for further instructions. (5 seconds)

END OF RECORDING

KEY (CORRECT ANSWERS)

_____ SECTION I _____   SECTION II

1.	A	31.	C	61.	B		1.	avevo
2.	D	32.	A	62.	C		2.	portare
3.	D	33.	B	63.	B		3.	raccontai
4.	B	34.	A	64.	C		4.	ricordo
5.	A	35.	A	65.	C		5.	dissi
6.	C	36.	A	66.	D		6.	sentivo
7.	C	37.	A	67.	D		7.	avesse
8.	B	38.	B	68.	D		8.	rimase
9.	D	39.	B	69.	D		9.	era
10.	B	40.	B	70.	D		10.	saprai
11.	C	41.	B	71.	D		11.	da
12.	A	42.	B	72.	C		12.	dove
13.	C	43.	A	73.	B		13.	con
14.	C	44.	B	74.	D		14.	si
15.	C	45.	D	75.	B		15.	inferno
16.	D	46.	B	76.	C		16.	più
17.	C	47.	C	77.	C		17.	a
18.	C	48.	D	78.	D		18.	niente
19.	A	49.	A	79.	A		19.	e
20.	B	50.	B	80.	C		20.	non
21.	A	51.	B	81.	A			
22.	C	52.	B	82.	B			
23.	D	53.	C	83.	C			
24.	A	54.	B	84.	A			
25.	C	55.	D	85.	B			
26.	C	56.	C	86.	B			
27.	B	57.	C	87.	C			
28.	A	58.	C	88.	A			
29.	A	59.	A	89.	C			
30.	D	60.	A	90.	D			

ITALIAN LANGUAGE SCRIPT
SECTION I - PART A

(Announcer) This is the Listening part of the Italian Language Examination.

DIRECTIONS: For each question in this part, you will hear a brief exchange between two people. From the four choices printed in your test booklet, choose the most appropriate answer.

(Announcer) NOW GETI READY FOR THE FIRST BRIEF EXCHANGE. (5 seconds)

Dialogo *1-A telephone call between two friends*
A.   Pronto Giulia?
B.   Chi parla?
A.   Sono Maria.
B.   Maria, che gioia! Dove sei?
A.   Sono proprio nella tua bella Firenze.
B.   Quando sei arrivata?
A.   Poche ore fa, ed ero ansiosa di telefonarti.
B.   Allora quando ci vediamo?
A.   Questa sera se puoi.
B.   D'accordo. Va bene alle venti al Ristorante San Giminiano Vecchio?
A.   Benissimo, a più tardi. Ciao.
B.   Non vedo l'ora di vederti, sono sicura che avrai tante novità. Ciao.

Domande: 1.   Dove si svolge la conversazione?
              2.   In quale città si trova Maria?
              3.   Quando si incontreranno le due amiche?
              4.   Dove si incontreranno le due donne?

Dialogo 2 - *A conversation in a department store*

A.   Buongiorno signora, desidera?
B.   Buongiorno, sto cercando un vestito per mio padre. È un regalo per il suo compleanno.
A.   Ha già qualche idea?
B.   No, sono incerta.
A.   Di solito come si veste suo padre? In modo formale, oppure no?
B.   Non è un tipo formale, ma gli piace la qualità.
A.   Ecco alcuni modelli. Le piacciono questi? La qualità della stoffa è molto buona.
B.   Si, però posso vedere altri colori.
A.   Non si preoccupi, abbiamo una gran bella scelta.
B.   Questo non è male, ed è un bel colore. Lo compro.
A.   Benissimo. Comunque conservi lo scontrino, così se non va bene potrà cambiarlo.
B.   Grazie mille per la sua gentilezza. Sono sicura che mio padre sarà sodisfatto. Buon-
giorno.
A.   Buongiorno signora, e grazie a lei.

Domande: 5. Come saluta la commessa alla cliente?
                   6. Per chi cerca un vestito la cliente?
                   7. Perché la signora cerca un regalo?
                   8. Trova un vestito che le piace?

Dialogo 3 -*A conversation between two students*

A.   Ciao Chiara, allora come stai? Come va il tuo corso di lingua?
B.   Ciao Emilia, bene grazie e tu? Il corso mi piace, ma la grammatica la trovo molto difficile.
A.   Capisco, però senza grammatica come fai ad imparare?
B.   A me piace solo la conversazione, tu sai che mi piace parlare!
A.   Io invece, senza sapere le regole di grammatica non riesco a dire più di due parole.
B.   E se fai così quando cominci a parlare?
A.   Non so cosa dire. Ma purtroppo a me le regole mi aiutano.
B.   Secondo me, all'inizio non è necessario capire tutto, ma solo il significato generale, tramite una parola chiave.
A.   Forse è come dici tu.
B.   Perché non fai come faccio io. Ascolta bene e poi cerca di ripetere quello che senti.
A.   Beh! Non credo, sembra proprio che il tuo metodo di imparare è molto diverso dal mio.
B.   Sono daccordo con te.

Domande: 9. Di che cosa parlano le due allieve?
                10. Che cosa trova difficile Chiara?
                11. Che cosa deve sapere Emilia?
                12. Che cosa concludono le due ragazze?

DIRECTIONS: You will now listen to several selections. Each selection will be followed by a series of spoken questions based on content. During the pause, select the best answer to each question from among the four choices printed in your test booklet, and piace your answer on the line at the right.

SELECTION NUMBER 1

NOW GET READY TO LISTEN TO THE FIRST SELECTION

Dicono Di Lei

Papaya: voce di origine arauca e caribica. C'è chi scrive papaina. L'albero su cui crescono i suoi frutti, detto albero dei meloni (per le loro dimensioni), è originario dell'America centrale e del Messico. Ora è coltivato in molti paesi tropicali. Come altri frutti di color arancio è fonte di vitamina C e betacarotene, antiossidanti naturali. In fatto di antiossidanti quelli di una papaya sono in termini di quantità analoghi a quelli di un pomodoro maturo dello stesso peso.

Frutto e pianta contengono papaina, un enzima simile alla pepsina prodotta dal sistema digestivo per scomporre le proteine. La papaina è utilizzata in ambito industriale per rendere più teneri alcuni prodotti della carne. Da anni si conoscono e studiano le proprietà naturali della papaya nella digestione; la medicina cinese la prescrive per chi ha difficoltà a digerire alimenti molto proteini.

La papaya viene somministrata per dissenteria e reumatismi. Di moda è ora la papaya fermentata in polvere che ha funzione antiossidante pur non contenendo più vitamine, ma soprattutto carboidrati e aminoacidi.

Domande:
13. Quale è l'origine della papaya?
14. Che cosa contengono frutto e pianta?
15. Che cosa è di moda ora?
16. La papaya viene somministrata per?

SELECTION NUMBER 2

NOW GEI READY TO LISTEN TO THE SECOND SELECTION

NASSIRIYA, domani in Italia le salme dei soldati uccisi.

Annullata per lutto la festa per il 145 anniversario dell'Esercito

ROMA - Dovrebbero arrivare domani pomeriggio in Italia le salme dei tre militari caduti nell'attentato di Nassiriya; l'atterraggio del C130 dell'Aeronautica a Ciampino è previsto intorno alle 16.

I funerali. Le esequie di Nicola Ciardelli, Carlo De Trizio e Franco Lattanzio si terranno invece martedì mattina a Roma, nella Chiesa Santa Maria degli Angeli in Piazza della Repubblica.

Annullata la festa dell'Esercito. Per il grave lutto è stata annullata la festa per il 145 anniversario della costituzione dell'Esercito. Il programma originale delle celebrazioni prevedeva una cerimonia militare che si sarebbe dovuta svolgere giovedì prossimo.

Domande:
17. Da dove arrivano le salme dei soldati?
18. Quanti sono i soldati caduti
19. Dov'è Nassiriya?
20. Che cosa è stato annullato dato la tragedia?
21. Che cosa avrebbe onorato la festa dell'Esercito?

SELECTION NUMBER 3

NOW GET READY TO LISTEN TO THE THIRD SELECTION

Il pollo arrosto in casseruola.

Preparazione: 5 minuti   Cottura: 45 minuti
Dosi per 4 persone: 1 pollo medio, 3 cucchiai d'olio, 1 noce di burro, sale, pepe
                            1 casseruola

Ricoprite con olio il fondo della casseruola e mettete a scaldare, poi posate il pollo che farete dorare su tutti i lati. Soltanto allora salate e pepate, aggiungete un pezzo di burro. Coprite; lasciate cuocere a fuoco lento per 45 minuti circa. Per verificare la cottura, pungete la coscia con la punta di un coltello. Servite con patatine arrosto e una buona insalata.

Domande: 22. Per quante persone è adatta la ricetta?
          23. Quanto è il tempo di cottura?
          24. Come si può verificare la cottura?
          25. Che cosa si serve con questo piatto?

SELECTION NUMBER 4

NOW GET READY TO LISTEN TO THE FOURTH SELECTION

Che cosa si trova nei negozi di dietetica?

Tutti i cereali integrali cioè non raffinati, dei grassi vegetali, della frutta e dei legumi <naturali> che provengano dai <dominii della saluto il cui nome è un'etichetta, una garanzia che quando vi viene coltivato benefica dei concimi <naturali> ai quali provvedono mucche e animali di cortile del luogo, nutriti e ingrassati senza l'aiuto di alcun prodotto chimico. Le mucche forniscono il latte, le galline le uova, unica concessione che fanno alcuni vegetariani i quali ammettono nel regime questi due prodotti di origine animale.

Domande: 26. Si trovano cereali raffinati nel negozio?
          27. Che cosa vuol dire <naturali>?
          28. Chi produce questi concimi?
          29. Quali due prodotti di origine animale usano certi vegetariani?

SELECTION NUMBER 5

NOW GET READY TO LISTEN TO THE FIFTH SELECTION

Vacanze in barca a vela....Vacanze in barca a vela....Vacanze in barca a vela

SARDEGNA CHARTER-Via Helsinki 18 09129 CAGLIARI

Indirizzo di posta elettronica : info'sardegnacharter.it. Fax 178 221 5732

Telefono ufficio (solo mattina) 070.491042 Mobile 335.467848

Iscrizione alla Camera di Commercio di Cagliari n. 149560

Responsabile: Sirigu Mauro

Iscritto al n. 14 dell'Albo Professionale

Istruttori Nautici Regione Sardegna

Domande: 30. Che tipo di annuncio è questo?
          31. Come si chiama la ditta?
          32. Qual'è il loro numero di telefono?
          33. Chi è la persona responsabile?

SELECTION NUMBER 6

NOW GET READY TO LISTEN TO THE SIXTH SELECTION

Piemmeonline - CINEMA E TEATRI

11 Gruppo Caltagirone Editore dedica all'interno dei propri quotidiani ampi spazi informativi sulle programmazioni cinematografi che, dei teatri e degli spettacoli in genere.

Per aumentare la notorietà degli eventi ed indirizzare il pubblico nelle sale e alle manifestazioni, Piemme mette a disposizione in queste sezioni spazi pubblicitari che riproducono le locandine dei film, i cartelloni dei teatri, ed inoltre è in grado di offrire spazi speciali per far "uscire" l'evento dalla pagina.

Domande: 34. A che cosa dedica Il Gruppo Caltagirone Editore l'interno dei loro quotidiani?
             35. Che cosa cercano di aumentare?
             36. Che cosa riproducono negli spazi?

SELECTION NUMBER 7

NOW GET READY TO LISTEN TO THE SEVENTH SELECTION

MOSTRE

Giovedi. 1 Maggio 2006

Giuseppe Cavalli Fotografie 1936 - 1961

Una grande retrospettiva dedicata a un maestro del secolo scorso che ha conferito alla fotografia italiana l'autonomia espressiva dell'opera d'arte. Museo di Roma Palazzo Braschi, piazza. San Pantaleo 10. Orario: 9-19, chiuso lunedì, tel 0682059127. Fino al 31 maggio.

Domande: 37. Chi è Giuseppe Cavalli?
             38. Di quali anni è la retrospettiva?
             39. In quale museo è la mostra?
             40. Fino a quando dura la retrospettiva

ITALIAN LANGUAGE SCRIPT
SECTION II - PART C

Directions for speaking will be given to you by a master tape. You will be asked to speak in a variety of ways, and to record your voice. Follow carefully thè directions for stopping and starting your tape recorder. At the end of the examination you should be sure to verify that your voice has been recorded.

(Announcer)

This is the speaking part of the Italian Language Examination. Your spoken responses to questions or statements will be recorded. Your score will be based on what is on the tape. It is important, therefore, that you speak loudly enough for the machine to record what you say. You will be asked to start and stop your recorder at various points in the test. In each case, you will be told when to turn your machine to the "Record" position and when to turn it off.

Follow the directions and record only when told to do so. You will now hear a number of recorded instructions that you should follow. The statements or questions you will hear are not printed in your booklet. Each question or statement will be spoken twice. After the sound of the tone, you will have 20 seconds to respond in Italian. A second tone will sound after 20 seconds have elapsed. Always wait until you hear the tone signal before you speak. Answer each question fully; your ability to express yourself fluently and correctly will be the main basis for your score.

Now you will hear a sample question, spoken twice, typical of the questions you will be asked. Try to answer it. Your answer to this question will not be recorded or scored. Here is the sample question:

(Speaker)

Cosa? non sai dove abito?
Cosa? non sai dove abito?

(Announcer)

You will be scored on the next five (5) questions or statements. The quality as well as the quantity of your response will affect your grade. Credit will be deducted if the answer is too short, you should therefore use all the available time. Turn the recorder to the "Record" position and start the tape.

Numero 1.   Cosa? Hai trovato $20.00 sulla strada! Come intendi spenderli?
             Cosa? Hai trovato $20.00 sulla strada! Come intendi spenderli?

             Tone (20 seconds) - Tone

Numero 2.   Perché sei arrivato tardi per la festa del mio compleanno?
             Perché sei arrivato tardi per la festa del mio compleanno?

             Tone (20 seconds) - Tone

Numero 3.   Cosa? Vuoi comprare una motocicletta! Perché?
             Cosa? Vuoi comprare una motocicletta! Perché?

             Tone (20 seconds) - Tone

Numero 4. Domani è il compleanno di tua nonna, che cosa le regalerai?
Domani è il compleanno di tua nonna, che cosa le regalerai?

Tone (20 seconds) - Tone

Numero 5. Dove pensi di andare in vacanza durante l'estate?
Dove pensi di andare in vacanza durante l'estate?

Tone (20 seconds) - Tone

You will now be asked to speak in Italian about the pictures you see. You will have two minutes to look at and think about all the pictures in which to relate the sequence of events depicted. Be sure to consider each of the six pictures. No tone will sound between each frame; move directly from one picture to the next in the following sequence - left to right, top to bottom. You will be scored on the appropriateness, grammatical accuracy, range of vocabulary, pronunciation, and fluency of your response. Address each picture. The length of your response and thè number of pictures addressed will affect your score. Do not start your tape recorder until you are told to do so.

(Announcer)

Begin to look at and think about the pictures. (2 minutes) Now turn your tape recorder to the "Record" position and start the tape moving through the machine. (6 seconds) You will have a total of two minutes to relate the sequence of events in all of the six pictures. When you have finished speaking, please indicate in either English or Italian the fact that you have finished and give your AP number. Begin as soon as you hear the tone signal. Tone (2 minutes)

Stop your tape recorder. This is the end of the Advanced Placement Italian Language Examination. Close your booklet. At the tone signal, begin to rewind the tape. Tone (10 seconds). Stop your recorder even though the tape is not completely rewound. (6 seconds) You should listen to your tape to make sure that your voice has been recorded. In the event that your voice was not recorded, raise your hand and the supervisor will help you. Now turn your tape recorder to the "Play" position and start the tape moving through the machine. (20 seconds) Stop your tape recorder. If your voice was not recorded, raise your hand and the supervisor will help you. Now rewind your tape completely. (10 seconds) Remove your tape from the machine and wait for further instructions. (5 seconds)

<u>END OF RECORDING</u>

EXAMINATION SECTION

ITALIAN LANGUAGE

Approximately three hours are allotted for this examination: 1 hour and 30 minutes for Section I, which consists of multiple-choice questions that assess listening and reading comprehension; and approximately 1 hour and 25 minutes for Section II, which consists of writing, cultural knowledge and speaking.

The use of dictionaries is not permitted during the examination.

SECTION I
Time – 1 hour and 30 minutes
Percent of total grade – 40

Part A: Time – Approximately 35 minutes: listening comprehension questions to test ability to understand spoken Italian

Part B: Suggested time – 55 minutes: passages with questions to test reading comprehension

If you have time remaining at the end, you may check your work on any part of Section I.

<u>General Instructions</u>

INDICATE ALL YOUR ANSWERS TO QUESTIONS IN SECTION I ON THE SEPARATE ANSWER SHEET. No credit will be given for anything written in this examination booklet, but you may use the booklet for notes or scratchwork. After you have decided which of the suggested answers is best, COMPLETELY fill in the corresponding oval on the answer sheet. Give only one answer to each question. If you change an answer, be sure that the previous mark is erased completely.

Many candidates wonder whether or not to guess the answers to questions about which they are not certain. In this section of the examination, as a correction for haphazard guessing, one-third of the number of questions you answer incorrectly will be subtracted from the number of questions you answer correctly. It is improbable, therefore, that mere guessing will improve your score significantly; it may even lower your score, and it does take time. If, however, you are not sure of the correct answer but have some knowledge of the question and are able to eliminate one or more of the answer choices as wrong, your chance of getting the right answer is improved, and it may be to your advantage to answer such a question.

Use your time effectively, working as rapidly as you can without losing accuracy. Do not spend too much time on questions that are too difficult. Go on to other questions and come back to the difficult ones later if you have time. It is not expected that everyone will be able to answer all the multiple-choice questions.

ITALIAN LANGUAGE
SECTION I
Time – 1 hour and 30 minutes
PART A
Time – Approximately 35 minutes

DIRECTIONS: For each question in this part, you will hear a brief exchange between two people. From the four choices in your test booklet, choose the appropriate answer.

DIALOGUE 1: *A visit to a friend at her house*

1. (A) L'America
    (B) L'Inghilterra
    (C) La Spagna
    (D) La Grecia

1._____

2. (A) 3 settimane
    (B) Un mese
    (C) Due settimane
    (D) Pochi giorni

2._____

3. (A) Un amico
    (B) Una famiglia
    (C) Sua sorella
    (D) Gli zii

3. _____

4. (A) Si
    (B) Dopo un mese
    (C) Ogni giorno
    (D) No

4._____

DIALOGUE 2: *An exchange in a bank*

5. (A) Cambiare un travelers cheque
    (B) Un paio di scarpe
    (C) L'autobus
    (D) Posto

5._____

6. (A) Pochi
    (B) 20
    (C) 50
    (D) Cento

6._____

7. (A) 2 euro al dollaro
    (B) 85 centisimi al dollaro
    (C) 1 euro al dollaro
    (D) Non lo so

7._____

8. (A) La sua gioventù   8._____
   (B) La sua famiglia
   (C) Quando il dollaro valeva moltissimo
   (D) Il giorno del suo matrimonio

DIALOGUE 3: *In an Italian class*

9. (A) Da dove deriva l'italiano   9._____
   (B) A che ora finisce l'esame
   (C) Come tornerà a casa
   (D) Quando è la pausa

10. (A) L'insegnante   10._____
    (B) Rosanna
    (C) Sua madre
    (D) A tutta la classe

11. (A) Solo il dialetto   11._____
    (B) Il volgare
    (C) L'italiano
    (D) Il latino

12. (A) Tutte le lingue   12._____
    (B) L'arabo
    (C) Spagnolo, francese, portoghese
    (D) Non lo so

DIRECTIONS: You will now listen to several selections. Each selection will be followed by a series of spoken questions based on content. During the pause, select the best answer to each question from among the four choices printed in your test booklet, and place your answer on the line at the right.

SELECTION NUMBER 1

NOW GET READY TO LISTEN TO THE FIRST SELECTION

13. (A) Costituire un organismo capace di garantire la pace   13._____
    (B) Di fare un'altra guerra
    (C) Andare sulla luna
    (D) Creare un solo governo mondiale

14. (A) Società delle Nazioni   14._____
    (B) Nazioni Unite (ONU)
    (C) NATO
    (D) USA

15. (A) 26 giugno 1945   15._____
    (B) 20 settembre
    (C) 4 luglio
    (D) Non lo so

16. (A) Si   16._____
    (B) No
    (C) Fallimenti e successi
    (D) Più successi

SELECTION NUMBER 2

NOW GET READY TO LISTEN TO THE SECOND SELECTION

17. (A) Malpelo   17._____
    (B) Rosso
    (C) Bravo
    (D) Malizioso

18. (A) In un negozio   18._____
    (B) Con dei pescatori
    (C) Nella cava della rena rossa
    (D) Non lavorava

19. (A) Ogni mese   19._____
    (B) Il sabato
    (C) La domenica
    (D) Ogni giorno

20. (A) Bello
    (B) Povero
    (C) Dolce
    (D) Un brutto ceffo

20._____

21. (A) Pane di otto giorni
    (B) Biscotti
    (C) Carote
    (D) Pasta

21._____

SELECTION NUMBER 3

NOW GET READY TO LISTEN TO THE THIRD SELECTION

22. (A) Il medico
    (B) L'ingegnere del Comune
    (C) Il prete
    (D) Il maestro

22._____

23. (A) Di una nuova fontana
    (B) Del tempo
    (C) Delle loro famiglie
    (D) Di politica

23._____

24. (A) Dieci di maggio
    (B) Nove di settembre
    (C) Due di novembre
    (D) Otto di marzo

24._____

25. (A) Un bicchiere di vino
    (B) Del formaggio
    (C) Una pipa di radica di scopa
    (D) Un ottimo cena alla trattoria

25._____

SELECTION NUMBER 4

NOW GET READY TO LISTEN TO THE FOURTH SELECTION

26. (A) Gori
    (B) Peppe
    (C) Bianchi
    (D) Armanno

26._____

27. (A) Un cappotto
    (B) Una giacca
    (C) Una marsina
    (D) Il cappello

27._____

28. (A) Brutta
    (B) Vecchia
    (C) Brava
    (D) Piccola e baffice

28._____

29. (A) Un amico
    (B) Il commesso d'un negozio
    (C) La vicina
    (D) Il collega

29._____

SELECTION NUMBER 5

NOW GET READY TO LISTEN TO THE FIFTH SELECTION

30. (A) Un anno
    (B) Tre anni
    (C) Cinque mesi
    (D) Pochi giorni

30._____

31. (A) Il numbero dei maniaci cresceva
    (B) C'erano meno problemi
    (C) I malati erano di meno
    (D) Si scherzava di più

31._____

32. (A) Uno scrittore
    (B) Uno scienziato
    (C) Un filosofo
    (D) Un medico

32._____

33. (A) No non è vero
    (B) Si è vero
    (C) Qualche volta
    (D) Non lo so

33._____

SELECTION NUMBER 6

NOW GET READY TO LISTEN TO THE SIXTH SELECTION

34. (A) A fare una passeggiata
    (B) A cena
    (C) Al cinema
    (D) A trovare un amico

34._____

35. (A) Vuoto
    (B) Buio
    (C) Pieno di gente
    (D) Sporco

35._____

36. (A) Un vaso di fiori
    (B) Una grande torta
    (C) Tanti piatti
    (D) Molte forchette

36._____

37. (A) Ada
    (B) Dei bambini
    (C) L'amico
    (D) Il vicino di casa

37._____

SELECTION NUMBER 7

NOW GET READY TO LISTEN TO THE SEVENTH SELECTION

38. (A) Dieci
    (B) Sedici
    (C) Venti
    (D) Quindici

38._____

39. (A) Formica
    (B) Micio
    (C) Topolina
    (D) Bella

39._____

40. (A) Lontano
    (B) In mezzo alle montagne
    (C) Vicino al mare
    (D) Poco lontano da Roma

40._____

END OF PART "A"

ITALIAN LANGUAGE
SECTION I
PART B
Time – Approximately 55 minutes

DIRECTIONS: In each of the following paragraphs, there are numbered blanks indicating that words or phrases have been omitted. For each numbered blank, four completions are provided. First read through the entire selection, then, for each numbered blank, choose the completion that is most appropriate and place your answer on the line at the right.

...Pisa. Un viaggio nel mare dell'antichità...

Una ___(41)___ itinerante per presentare le eccezionali ___(42)___ effettuate negli Scavi del Cantiere delle ___(43)___ Antiche di ___(44)___. Complesso Monumentale di San Michele a Ripa Grande, Cortile Delle Carrette e Cripta della Chiesa Grande. ___(45)___: 10-18, chiuso ___(46)___. Ingresso ___(47)___ tel 0658434655. ___(48)___ al 31 maggio.

41. (A) mostra
    (B) scena
    (C) spettacolo
    (D) film

41._____

42. (A) ritrovo
    (B) scoperte
    (C) scavi
    (D) intagli

42._____

43. (A) barche
    (B) macchine
    (C) biciclette
    (D) navi

43._____

44. (A) Pisa
    (B) Milano
    (C) Livorno
    (D) Madrid

44._____

45. (A) Numero
    (B) Strada
    (C) Orario
    (D) Anno

45._____

46. (A) lunedi
    (B) domenica
    (C) mai
    (D) mercoledi

46._____

47. (A) caro   47._____
    (B) poco
    (C) molto
    (D) gratuito

48. (A) Fino   48._____
    (B) Dopo
    (C) Prima
    (D) Sino

Fotografia – Festival Internazionale di Roma – V edizione

___(49)___ mostre ospiti ___(50)___ Museo di Roma ___(51)___ Trastevere propongono oltre 500 immagini ___(52)___ cartoline ___(53)___ foto ___(54)___ vanno ___(55)___ seconda metà dell'Ottocento ___(56)___ giorni nostri. Museo di Roma, piazza S. Egidio 1/b.

49. (A) Le   49._____
    (B) Il
    (C) La
    (D) Nel

50. (A) con   50._____
    (B) al
    (C) del
    (D) sul

51. (A) a   51._____
    (B) in
    (C) e
    (D) nel

52. (A) fra   52._____
    (B) accanto
    (C) sinistra
    (D) tra

53. (A) e   53._____
    (B) dove
    (C) le
    (D) i

54. (A) chi   54._____
    (B) che
    (C) sono
    (D) ci

55. (A) gli   55._____
    (B) del
    (C) della
    (D) al

56. (A) ed
    (B) nei
    (C) dai
    (D) ai

56._____

Fiori di Bach:

Sceglili se il tuo mal di ___(57)___ deriva da un ___(58)___ psichico-emotivo; tensione, abbattimento, frustrazione — La fioriterapia infatti rialza i ___(59)___ di endorfine, gli ___(60)___ del benessere. Consigli: ___(61)___, Vervain e Hornbeam (cefalea da weekend). Elm e Red Chestnut (cefalea da ___(62)___ e mescolo-tensiva), Impatients (senso di irritazione), Star di Bethlehem (___(63)___ un trauma o una paura).

57. (A) testa
    (B) collo
    (C) schiena
    (D) denti

57._____

58. (A) dolore
    (B) pena
    (C) disagio
    (D) nervosismo

58._____

59. (A) punti
    (B) livelli
    (C) i colori
    (D) la quantità

59._____

60. (A) ormoni
    (B) globuli
    (C) occhi
    (D) il sangue

60._____

61. (A) Pera
    (B) Pistillo
    (C) Rosa
    (D) Oak

61._____

62. (A) stress
    (B) calma
    (C) dolore
    (D) tristezza

62._____

63. (A) dopo
    (B) prima
    (C) mentre
    (D) quando

63._____

DIRECTIONS: Read the following passages carefully for comprehension. Each passage is followed by a number of questions. Select the answer that is best according to the passage and fill in the corresponding oval on the answer sheet. There is no sample question for this part.

Passage 1
This selection was originally published in: **ilmessaggero.it**

Italia 0 – Inghilterra 4

Caro Signor Gervaso, i campionati del mondo di calcio sono finiti da un mese con la vittoria degli azzurri sui francesi. Le scrivo per chiederle quale partita della nostra squadra nazionale ricorda con maggiore partecipazione.

La partita contro l'Inghilterra, disputata a Torino il 16 maggio 1948 e vinta dai figli di John Bull quattro a zero. Non era una partita di "mondiale", ma una partita, almeno per noi italiani, importante, piena di pathos e carica di fato. La guerra, la piu sciagurata delle guerre, era appena finita e noi l'avevamo ignominiosamente perduta. Il fascismo, dopo più di vent'anni, aveva avuto un barbaro epilogo con la "macelleria messicana" di piazzale Loreto a Milano; il Duce, l'amante Claretta Petacci, i gerarchi salotini, già cadaveri, appesi piedi all'insù alla tettoia di un distributore di benzina. Il Paese era allo stremo e allo sbando, ma aveva una gran voglia di riscatto. Quel match doveva essere la nostra rivincita contra la perfida Albione che ci aveva battuto e umiliato sui campi di battaglia. L'attesa era grande e la trepidazione al diapason. Io, allora, vivevo a Torino con i miei genitori e mia sorella. Decine di migliaia di tifosi erano saliti al Nord da ogni parte dello Stivale in treno o con mezzi di fortuna per assistere allo storico evento. Solo noi ne ospitammo in casa, fra amici e conoscenti, una decina, affastellati in quattro camere. Gli adulti, dando fondo ai loro risparmi, acquistarono un biglietto di gradinata e andarono allo stadio. Noi, bambini e ragazzi, seguimmo il match da casa, tutti orecchi intorno a una vecchia Phonola. Radiocronista, se la memoria non m'inganna, il mitico Nicolò Carosio.

Purtroppo, quella che doveva essere la nostra revanche fu una clamorosa debacle. Una sconfitta stentorea e inequivocabile; quattro a zero. Il più bel goal lo fece la mezzala Mortensen con una stangata da trenta metri. Quando segnò, io mi accasciai al suolo. Mia madre, spaventata, pensò al peggio; a un collasso, a una sincope, a un infarto. Telefonò al pronto soccorso, ma quando arrivò il medico di guardia avevo già riacquistato gli spiriti. Ma ero tutto giallo. La diagnosi fu seria, ma non drammatica; *itterizia*. Il dolore per la sconfitta dell'Italia era stato cosi cocente da provocarmi un travaso di bile. Passai a letto una quindicina di giorni, incapace di rassegnarmi a quel verdetto, tanto più atroce quanto più equo.

64. Che cosa è finito da un mese?   64._____
    (A) Le vacanze
    (B) I campionati di calcio
    (C) La scuola
    (D) Il lavoro

65. Quale gara si ricorda il giornalista?   65._____
    (A) La gara contro la Francia
    (B) La gara contro l'America
    (C) Quella contro l'Inghilterra
    (D) Non se ne ricorda

66. In quale anno è successa la gara?   66._____
    (A) 1948
    (B) 2005
    (C) 2006
    (D) 1945

67. Che cosa era appena finita?   67._____
    (A) La gara
    (B) La cena
    (C) La guerra
    (D) Il programma

68. Chi ha vinto la gara?   68._____
    (A) L'Italia
    (B) L'Inghilterra
    (C) La Spagna
    (D) La Francia

69. Che cosa ha provocato il dolore per la sconfitta?   69._____
    (A) Un travaso di bile
    (B) Mal di stomaco
    (C) Nausea
    (D) Mal di testa

Passage 2
This selection was originally published in: **ilmessagero.it**

Una magra pensione attende i giovani tra i...

Una magra pensione attende i giovani tra i 25 e i 40 anni che lavorano da pochi anni;
i dipendenti avranno al massimo il 50% degli ultimi stipendi, mentre i parasubordinati
(collaboratori, venditori a domicilio, professionisti iscritti all'Inps) avranno al massimo
il 30%. Un futuro nero che rende indispensabile la previdenza complementare. Il sistema,
però stenta a decollare; i lavoratori hanno da un lato le idee confuse, dall'altro sono
preoccupati di versare soldi per una pensione bis soggetta alle leggi di mercato e, quindi
agli alti e bassi della finanza.
Lavoro flessibile. Prendiamo i collaboratori coordinati e continuativi; incarichi pesanti
e molto spesso analoghi a quelli dei rapporti subordinati, in cambio gli stipendi modesti.
Paghe più basse di quelle dei dipendenti, con un rapporto di lavoro di natura autonoma,
quasi fossero liberi professionisti. È la flessibilità, bellezza; in nome della quale i lavori
tendono a diventare tutti precari.
Per capire che pensione avranno gli interessati, basiamoci solo sulle leggi attuali e sulla
riforma Berlusconi che scatterà dal 2008. Senza, quindi, neanche pensare a possibili
future modifiche peggiorative; molti difensori del bilancio statale, infatti, già oggi
spingono affinchè il sistema di calcolo contributivo delle pensioni sia reso ancor più
restrittivo dell'attuale, andando a toccare i coefficienti di rendimento delle pensioni.

70. Di che cosa parla l'articolo?   70._____
 (A) Sport
 (B) Pensione
 (C) Guerra
 (D) Football

71. Quale età è nominata nell'articolo?   71._____
 (A) 25 e 40 anni
 (B) Vecchi
 (C) 60
 (D) 70 e 80

72. Quanto riceveranno i dipendenti?   72._____
 (A) Il 15%
 (B) Il 50%
 (C) Il 30%
 (D) Non avranno niente

73. Quando scatterà la riforma Berlusconi?   73._____
 (A) Nel 2008
 (B) Adesso
 (C) Nel prossimo mese
 (D) 2010

74. Che cosa vogliono molti difensori del bilancio statale?   74._____
 (A) Vogliono aiutare
 (B) Non se ne interessano
 (C) Calcolare a modo loro
 (D) Calcoli più restrittivi

Passage 3
This selection was originally published in: ***L'ultima lacrima* by Stefano Benni**

Un cattivo scolaro

Affluiva all scuola media De Bono il futuro del paese. Bei ragazzini dai crani rasati e dalle vastissime orecchie, tutti nella divisa d'ordinanza, blazerino blu, cravattina righettata, jeansino e mocassino. E le belle fanciulline, col minitailleur azzurro, il foulardino da assistente di volo, un filo di trucco lolitico. Entravano seri seri e li avreste creduti nani adulti se non fosse stato per gli zainetti sulle spalle. I quali erano tutti della stessa ditta, per circolare minesteriale, ma variavano nelle scritte, nelle decalcomanie appicate, nei gadget di divi, e stelline di strass, e cagnuzzi e micioli e mostriciattoli e dichiarazioni d'amore al vicino di banco, al celebre cantante, alla ficona televisiva, e stemmi di turboauto e maximoto, e qualche vessillo governativo e teschio e svasticuccia a fianco a fianco a un Sieg Heil e a un Chiara ti amo. È tutta una serie di dediche dimostranti amore e generosità quali Nino sei mitico, Rosanna sei stupenda, Kim sei la mia star, Piero con te per la vita, ognuna scritta in pennarello fluorescente rosa o giallo, incorniciata da uccelletti e cuoricini, in sorprendente contrasto con quanto appariva sui muri della scuola, una sequenza di graffiti spietati quali Nino è frocio, Rosanna la ciucia a Monaldo, Kim cornuto oca morta, Piero sei un tossico di merda, il tutto istoriato con cazzi e precisazioni e risvastiche.
Se ne deduceva che allignava nell'animo di questi giovani una duplice natura, per metà

angelica che amavano portarsi addosso, sulle spalle e sulla lambretta, e per metà diabolica che
essi sfogavano sui muri, spalmandola la lì come merda.

La campanella stava suonando, intervallata dalla publicità di una nota marca
di merendine che l'altoparlante diffondeva per tutti i piani dell'edificio scolastico.

75. Come si chiama la scuola?   75. _____
    (A) De Amicis
    (B) Stella Maris
    (C) Dante Alighieri
    (D) De Bono

76. Che cosa indossano le ragazze?   76. _____
    (A) Un minitailleur
    (B) Un vestito rosso
    (C) Jeans
    (D) Maglie e gonne

77. Cosa portano sulle spalle?   77. _____
    (A) Una sciarpa
    (B) Uno zainetto
    (C) Una giacca
    (D) Una borsa

78. Con che scrivono le loro dichiarazioni?   78. _____
    (A) Una penna nera
    (B) Matita
    (C) Pennarello fluorescente
    (D) Acquerello

79. Che allignava nell'animo di questi giovani?   79. _____
    (A) Sgomento
    (B) Una duplice natura
    (C) Generosità
    (D) Cattiveria

80. Che tipo di pubblicità si sente?   80. _____
    (A) Abbigliamento
    (B) Programmi televisivi
    (C) Musica rap
    (D) Di merendine

Passage 4
This selection was originally published in: *Il gioco del rovescio* by Antonio Tabucchi

I pomeriggi del Sabato

Era in bicicletta, disse la Nena, aveva in testa un fazzoletto a nodi, l'ho visto bene, anche lui mi ha visto, voleva qualcosa qui di casa, l'ho capito, ma è passato come se non potesse fermarsi, erano le due precise.

La Nena allora portava un'apparecchio di metallo sui denti superiori che si ostinavano a crescerle sghembi, aveva un gatto rossiccio che chiamava "il mio Belafonte" e passava la giornata a canticchiare Banana Boat, o preferibilmente a fischiettarla, perchè grazie ai denti il fischio le riusciva benissimo, meglio che a me. La mamma sembrava molto seccata, ma di solito non la sgridava, si limitava a dirle ma lascia in pace codesta povera bestiola, oppure, quando si vedeva che era malinconica e fingeva di riposare in poltrona e la Nena correva nel giardino, sotto gli oleandri, dove era installato il suo pied-à-terre, si affacciava alla finestra scostandosi una ciocca di capelli che le si era incollata per il sudore e lassamente, non come se stesse facendo un rimprovero, ma quasi fosse un lamento privato, una litania, le diceva ma smettila di fischiare codeste scemenze, ti pare il caso, e poi lo sai che le bambine perbene non devono fischiare.

Il pied-à-terre della Nena consisteva nella sdraio di tela azzurra che era stata la prediletta di papà e che lei aveva appoggiato ai due coppi di terracotta coi ligustri, a mò di parete. Sull'aiuola che serviva da pavimento aveva disposto tutte le sue bambole.

81. Che cosa portava sui denti la Nena?   81._____
  (A) Un'apparecchio di metallo
  (B) Della gomma
  (C) Un filo d'oro
  (D) Non portava niente

82. Come si chiama il gatto?   82._____
  (A) Angelo
  (B) Belafonte
  (C) Folletto
  (D) Boccaccio

83. Che cosa le piace canticchiare?   83._____
  (A) L'arca di Noè
  (B) O sole mio
  (C) L'inno nazionale
  (D) Banana Boat

84. Che cos'era la prediletta di papà?   84._____
  (A) La sdraio di tela azzurra
  (B) La Nena
  (C) Il gatto rosso
  (D) La mamma

85. Dove aveva disposto le sue bambole?   85._____
  (A) Nel giardino
  (B) In casa
  (C) Sull'aiuola
  (D) A scuola

Passage 5

This selection was originally published in: **erbe.it**

LE PIANTE CHE SALVANO LA VITA

Il loro uso terapeutico riguarda l'80 per cento della popolazione mondiale. L'importanza farmaceutica degli estratti vegetali, i ritardi della ricerca, gli abusi, i traffici. **"Salva le piante che salvano la vita"** è l'appello lanciato, nell'ormai lontano 1988, a Chiang Mai in Thailandia, dall'Organizzazione Mondiale per la Sanità (OMS), dal World Wildlife Fund (WWF) e dall'International Union Conservation of Nature and Natural Resources (IUNC) per la salvezza e la valorizzazione delle piante medicinali...

A tutt'oggi l'OMS stima che le piante medicinali costituiscono ancora un importante e fondamentale "presidio terapeutico" per l'80% della popolazione mondiale che, in una larga maggioranza dei casi, non può accudere ai farmaci di sintesi.

Attualmente circa 121 farmaci, correntemente utilizzati, provengono da fonti vegetali; mentre il 25% dei farmaci occidentali provengono da sostanze estratte da pianta e alberi delle foreste umide; bisogna, inoltre, rilevare che solo l'1% circa degli alberi e piante tropicali sono stati studiati e testati dagli scienziati.

86. La percentuale della popolazione mondiale che usa piante   86._____
    terapeutiche è
    (A) 80%
    (B) molto bassa
    (C) alta
    (D) 15%

87. Quale fù l'appello lanciato nel 1988?   87._____
    (A) Aiuta se puoi
    (B) Salva le piante che salvano la vita
    (C) Donateci denaro
    (D) Ci servono chimici

88. Dove fù lanciato l'appello?   88._____
    (A) Cina
    (B) Italia
    (C) Giappone
    (D) Thailandia

89. Quanti farmaci provengono da fonti vegetali?   89._____
    (A) 121
    (B) 200
    (C) Tanti
    (D) Non so

90. Qual'è la percentuale di piante che sono state studiate?   90._____
    (A) 10%
    (B) 30%
    (C) 1%
    (D) 100%

ITALIAN LANGUAGE
SECTION II
Time – 1 hour and 25 minutes
Percent of total grade – 60

Part A: Time – 40 minutes:

This part is a test of your ability to write in Italian. It consists of two completion sets and one essay on a given topic.

When the supervisor announces the time at which each of the tasks should be completed, you should go on to the next exercise. If you finish before time is called, you may check your work on Part A, but you may NOT go on to Part B.

Write only in the lined spaces provided for the answers. Scratchwork may be done on the perforated blue insert enclosed in the booklet. Writing or notes made on the blue sheet will not be counted.

You should write your answers with a pen, preferably in black or dark blue ink. If you must use a pencil, be sure it has a well-sharpened point. Be sure to write CLEARLY and LEGIBLY. Cross out any errors you make.

Part B: Time – 30 minutes:

This part is made up of one question to be answered in composition form. It tests your knowledge and understanding of Italian culture.

Part C: Time – 15 minutes

This part is a test of your ability to speak in Italian. You will be asked to speak in a variety of ways and to record your voice. You will also be asked to start and stop your recorder several times. Be sure to follow the instructions you will hear.

When you are told to begin, open your pink booklet, gently tear out the blue insert, and start work on Part A. Write your answers to Part A in the <u>pink booklet</u>. Do not open the Part B green booklet until you are told to do so.

DO NOT OPEN THIS BOOKLET UNTIL YOU ARE TOLD TO DO SO.

DIRECTIONS: Read the following passage. Then, based on the context provided by the entire passage, write on the line after each number the correct form of the verb in parentheses. In order to receive credit, you must spell the verb correctly and place accents and apostrophes where necessary. Be sure to write the verb on the line even if no change is needed.

Giacobbe! Giacobbe! ___(1)___ alcuni che fin allora ___(2)___ parlato a voce bassa, innanzi all chiesa, stretti intorno a un pilastro del vestibolo. Giacobbe! ___(3)___ dalla porta madre si accostava agli appellanti un uomo lungo e macilento che ___(4)___ infermo di febbre etica, calvo su la sommità del cranio e coronato alle tempie e alla nuca di certi lunghi capelli rossicci. I suoi piccoli occhi cavi ___(5)___ animati come dall'ardore di una passione profonda, un pò convergenti verso la radice del naso, d'un colore incerto. La mancanza dei due denti d'avanti nella mascella superiore ___(6)___ all'atto della sua bocca nel profferire le parole e al moto del mento aguzzo sparso di peli una singolare apparenza di senilità faunesca. Tutto il resto del corpo era una miserabile architettura di ossa mal celata nei panni; e su le mani, su i polsi sul riverso delle braccia, sul petto, la cute ___(7)___ piena di segni turchini, di incisioni fatte a punta di spillo e a polvere d'indaco, in memoria dei santuari ___(8)___ delle grazie ___(9)___ dei voti sciolti. Come il fanatico ___(10)___ presso al gruppo de pilastro, una confusione di domande si levò da quelli uomini ansiosi.

1. _____ (gridare)
2. _____ (avere)
3. _____ (uscire)
4. _____ (parere)
5. _____ (essere)
6. _____ (dare)
7. _____ (essere)
8. _____ (visitare)
9. _____ (ricevere)
10. _____ (giungere)

DIRECTIONS: Read the following passage. Then, based on the context provided by the entire passage, write on the line after each number ONE single Italian word that is correct in meaning and form. In order to receive credit, you must spell the word correctly and place accents and apostrophes where necessary. Be sure to write a word for every blank.

Però con la Nunzia il marchese era un altro ___(11)___ assolutamente. Gli ordini, i rimproveri, le ___(12)___ circoscritti alla sua ___(13)___ con matematica ___(14)___ , e questo più ancora le dava a riflettere. ___(15)___ lei era premuroso, gentile, tutto elogi e ___(16)___ , inchini e sorrisi, finezze e galanterie, da ___(17)___ autentico. Il vitto era squisito, ___(18)___ , eccellente, lo paragonava a quello dei ___(19)___ famosi stati nelle grandi famiglie che lei pure conosceva di ___(20)___ , o di persona per averne visto i componenti presso la contessa.

11. _____
12. _____
13. _____
14. _____
15. _____
16. _____
17. _____
18. _____
19. _____
20. _____

DIRECTIONS: Write in Italian a well-organized and coherent composition of about 150 to 200 words on the topic below. You may want to take a few minutes to organize your thoughts before you begin to write your composition. Your work will be evaluated for grammatical accuracy and spelling for variety, range, and appropriateness of vocabulary and idioms, and for organization.

NO extra credit will be given for exceeding the prescribed length.
NO credit will be given for compositions that are too short.
NO credit will be given for a composition that does not address the topic.
Do not write using capital letters only, since it will affect your grade level.
Take some time to PROOFREAD your work. WRITE LEGIBLY.

Composition:

21. **Cosa ne pensi del nuovo sistema monetario dell'Unione Europea? Discuti i vantaggi e svantaggi del cambiamento per i diversi paesi.**

ITALIAN LANGUAGE
SECTION II – PART B
Time – 30 minutes

DIRECTIONS: Write in Italian a well-organized and coherent composition of about 150 words
on the topic below. Imagine you are writing the composition to submit it to an
Italian writing contest. You should take a few minutes to organize your thoughts
before you begin to write the composition. Your work will be evaluated for your
knowledge of Italian culture, as well as its organization and clarity, range and
appropriateness of vocabulary, grammatical accuracy and spelling.

**Scegli un'industria italiana (moda, macchine, artigianato, ecc.). Descrivi
ALMENO DUE elementi diversi (prodotti, regione o città d'origine,
personaggi rappresentativi, impatto sulla società o cultura, ecc.) che la
rendono importante e spiega perché.**

**Giustifica la tua opinione con ALMENO UN riferimento culturale (cinema,
letture, arte, musica, ecc.). Puoi anche includere esperienze personali e
discussioni in classe.**

ITALIAN LANGUAGE
SECTION II – PART C
Time – 15 minutes

DIRECTIONS: Follow the instructions as provided by the master recording. You will be asked to speak in a variety of ways, and to record your voice. Follow carefully the directions for stopping and starting your tape recorder. At the end of the examination you should be sure to verify that your voice has been recorded.

(Announcer)
This is the speaking part of the Italian Language Examination. Your spoken responses to questions or statements will be recorded. Your score will be based on what is on the tape. It is important, therefore, that you speak loudly enough for the machine to record what you say. You will be asked to start and stop your recorder at various points in the test. In each case, you will be told when to turn your machine to the "Record" position and when to turn it off.

Follow the directions and record only when told to do so. You will now hear a number of recorded instructions that you should follow. The statements or questions you will hear are not printed in your booklet. Each question or statement will be spoken twice. After the sound of the tone, you will have 20 seconds to respond in Italian. A second tone will sound after 20 seconds have elapsed. Always wait until you hear the tone signal before you speak. Answer each question fully; your ability to express yourself fluently and correctly will be the main basis for your score.

Now you will hear a sample question, spoken twice, typical of the questions you will be asked. Try to answer it. Your answer to this question will not be recorded or scored. Here is the sample question:

[SAMPLE QUESTION]

(Announcer)
You will be scored on the next five (5) questions or statements. The quality as well as the quantity of your response will affect your grade. Credit will be deducted if the answer is too short, you should therefore use all the available time. Turn the recorder to the "Record" position and start the tape.

[LISTEN FOR SPOKEN QUESTIONS 1-5]

You will now be asked to speak in Italian about the pictures you see. You will have 2 minutes to look at and think about all the pictures in which to relate the sequence of events depicted. Be sure to consider each of the six pictures. No tone will sound between each frame; move directly from one picture to the next in the following sequence – left to right, top to bottom. You will be scored on the appropriateness, grammatical accuracy, range of vocabulary, pronunciation, and fluency of your response. Address each picture. The length of your response and the number of pictures addressed will affect your score. Do not start your tape recorder until you are told to do so.

(Announcer)

Begin to look at and think about the pictures. (2 minutes) Now turn your tape recorder to the "Record" position and start the tape moving through the machine. (6 seconds) You will have a total of 2 minutes to relate the sequence of events in all of the six pictures. When you have finished speaking, please indicate in either English or Italian the fact that you have finished and give your AP number. Begin as soon as you hear the tone signal. Tone (2 minutes).

[BEGIN SPEAKING]

Stop your tape recorder. This is the end of the Advanced Placement Italian Language Examination. Close your booklet. At the tone signal, begin to rewind the tape. Tone (10 seconds). Stop your recorder even though the tape is not completely rewound. (6 seconds) You should listen to your tape to make sure that your voice has been recorded. In the event that your voice was not recorded, raise your hand and the supervisor will help you. Now turn your tape recorder to the "Play" position and start the tape moving through the machine. (20 seconds) Stop your tape recorder. If your voice was not recorded, raise your hand and the supervisor will help you. Now rewind your tape completely. (10 seconds) Remove your tape from the machine and wait for further instructions. (5 seconds)

END OF RECORDING

KEY (CORRECT ANSWERS)

	SECTION I		SECTION II
1. B	31. A	61. D	1. gridava
2. A	32. C	62. A	2. avevano
3. B	33. A	63. A	3. usciva
4. D	34. A	64. B	4. pareva
5. A	35. C	65. C	5. erano
6. D	36. B	66. A	6. dava
7. B	37. A	67. C	7. era
8. C	38. B	68. B	8. visitati
9. A	39. A	69. A	9. ricevute
10. B	40. B	70. B	10. giunse
11. D	41. A	71. A	11. uomo
12. C	42. B	72. B	12. parolacce
13. A	43. D	73. A	13. camera
14. B	44. A	74. D	14. precisione
15. A	45. C	75. D	15. con
16. C	46. B	76. A	16. complimenti
17. A	47. D	77. B	17. signore
18. C	48. A	78. C	18. ottimo
19. B	49. A	79. B	19. cuochi
20. D	50. C	80. D	20. nome
21. A	51. B	81. A	
22. B	52. D	82. B	
23. A	53. A	83. D	
24. D	54. B	84. A	
25. C	55. C	85. C	
26. A	56. D	86. A	
27. C	57. A	87. B	
28. D	58. C	88. D	
29. B	59. B	89. A	
30. B	60. A	90. C	

(Announcer) This is the Listening part of the Italian Language Examination.

DIRECTIONS: For each question in this part, you will hear a brief exchange between two people. From the four choices printed in your test booklet, choose the most appropriate answer.

(Announcer) NOW GET READY FOR THE FIRST BRIEF EXCHANGE. (5 seconds)

Dialogo 1: *Una visita a casa di un'amica*

A.   Ciao Camilla, sono venuta a parlare un pò con te, sono appena tornata dalle vacanze.
B.   Ciao Gianna, davvero! dove sei stata?
A.   In Inghilterra per tre settimane.
B.   Ti sei divertita? com'è andato con l'inglese?
A.   Bella domanda, credevo di sapere un pò di inglese fino a quando sono arrivata li. Inglese dappertutto! Sai, a volte mi sentivo veramente stupida.
B.   Parlami un pò di questa tua avventura. Dove vivevi?
A.   Con una famiglia inglese dove tutti parlavano inglese. Erano gentili, cercavano di parlare lentamente, ripetevano, ma per me era difficile lo stesso.
B.   Non capivi niente?
A.   Capivo l'idea generale, ma era difficile. Il dizionario è diventato il mio migliore amico.
B.   Non hai mai preparato delle frasi prima?
A.   Si a volte, ma spesso il discorso non era quasi mai quello che avevo previsto. Che disastro!
B.   Dopo quanti giorni hai cominciato a sentirti meno idiota?
A.   Dopo circa una settimana, piano piano incominciai a capire e rispondere.
B.   Vuol dire che cominciavi a pensare in inglese.
A.   Si, è vero, con molti errori ma pensavo in inglese.
B.   Una vacanza da ricordare!

Domande: 1.   Da dove è tornata Gianna?
            2.   Per quanto tempo è andata li?
            3.   Da chi è stata ospitata?
            4.   È stato facile per lei parlare e capire l'inglese?

Dialogo 2: *In una banca*

A.   Buongiorno signora.
B.   Buongiorno, è qui che si cambiano travelers cheques?
A.   Si signora.
B.   Ne ho uno per cento dollari, può cambiarlo?
A.   Certo signora.
B.   Qual'è il cambio oggi?

A.   85 centesimi al dollaro.

B.   Cosa, ma scherza?

A.   No signora.

B.   Ricordo quando il dollaro valeva moltissimo!

A.   Non più signora, non più.

B.   Allora non lo cambio, grazie, proverò domani.

A.   Va bene signora, buongiorno.

B.   Buongiorno.

Domande: 5.   Che cosa voleva cambiare la signora?

    6.   Quanti dollari ha lei?

    7.   Qual'è il cambio oggi?

    8.   Che cosa ricorda la signora?

Dialogo 3: *In una classe d'italiano*

A.   Rosanna lo sai da quale lingua deriva l'italiano?

B.   Si, perchè?

A.   È una domanda nel nostro esame.

B.   Vuoi che te lo dico?

A.   Certo, io lo so ma non sono proprio sicura.

B.   Dimmi -

A.   È il latino?

B.   Si, hai la risposta giusta.

A.   Meno male!

B.   La maggior parte delle lingue europee derivano da una lingua comune.

A.   E in questo caso è il latino.

B.   Perchè era la lingua parlata nell'Impero Romano.

A.   Sai quali sono le altre lingue con la stessa radice?

A.   Lo spagnolo, il francese, il portoghese etcetera.

B.   Davvero una radice importante!

A.   Si infatti, molte parole latine si trovano anche nell'inglese.

B.   Molto bene, torniamo al nostro esame, buona fortuna!

Domande: 9.   Che cosa vuole sapere l'allieva?

    10.   A chi domanda?

    11.   Che lingua si parlava nell'Impero Romano?

    12.   Quali sono le lingue con la stessa radice?

DIRECTIONS: You will now listen to several selections. Each selection will be followed by a series of spoken questions based on content. During the pause, select the best answer to each question from among the four choices printed in your test booklet, and place your answer on the line at the right.

SELECTION NUMBER 1

NOW GET READY TO LISTEN TO THE FIRST SELECTION

LE NAZIONI UNITE (ONU)

Dopo il fallimento della Società delle Nazioni nata all'indomani della Guerra 1914-1918... ancora una volta all fine della seconda guerra mondiale, si fece strada l'idea di costituire un organismo capace di garantire la pace e la sicurezza.

Questo organismo, a differenza della Società delle Nazioni, doveva consentire che i rapporti tra stati fossero discussi e risolti su un piano mondiale, come la oramai raggiunta interdipendenza dei problemi dell'umanità chiaramente postulava; doveva instaurare una morale in cui alcuni valori tradizionali avrebbero dovuto cedere il passo a nuove finalità; e a rinnovati programmi, quali la sincera e non coatta collaborazione tra i popoli, doveva affrontare i problemi che gli si presentavano mediante propri organismi e agenzie specializzate; sopratutto doveva condannare la politica "realistica" che per anni era stata l'insegna della diplomazia e i cui risultati avevano coinciso con l'aumento di sofferenze materiali e morali per l'umanità.

La firma della Carta delle Nazioni Unite avvenne a San Francisco il 26 giugno 1945.

Questa organizzazione ha registrato fallimenti e successi; il più cospicuo dei fallimenti è stato l'incapacità di impedire l'intervento militare sovietico in Ungheria, mentre come successo è stato l'arresto dell'aggressione in Corea. Ogni giudizio, tuttavia, per quanto positivo, si riferisce alle funzionalità dell'organismo considerato nel suo complesso. In prospettiva europea, esso si rivela troppo vesto e collegato con problemi avulsi da quelli del vecchio continente.

Domande: 13.   Quale idea germinò alla fine della seconda guerra mondiale?
            14.   Come venne chiamata questa organizzazione?
            15.   Quale fù la data della sua fondazione?
            16.   È vero che questa organizzazione ha avuto solo fallimenti?

SELECTION NUMBER 2

NOW GET READY TO LISTEN TO THE SECOND SELECTION

ROSSO MALPELO

Malpelo si chiamava cosi perchè aveva i capelli rossi, ed aveva i capelli rossi perchè era un ragazzo malizioso e cattivo, che prometteva di riescire un fiore di birbone. Sicchè tutti alla cava della rena rossa lo chiamavano *Malpelo,* e persino sua madre col sentirgli dir sempre a quel modo aveva quasi dimenticato il suo nome di battesimo.

Del resto, ella lo vedeva soltanto il sabato sera, quando tornava a casa con quei pochi soldi della settimana; e siccome era *Malpelo* c'era anche a temere che ne sottraesse un paio di quei soldi; e nel dubbio, per no sbagliare, la sorella maggiore gli faceva la ricevuta a scapaccioni.

Però il padrone della cava aveva confermato che i soldi erano tanti e non più; e in coscienza erano anche troppi per *Malpelo*, un monellaccio che nessuno avrebbe voluto davanti, e che tutti schivavano come un can rognoso, e lo accarezzavano coi piedi, allorche` se lo trovavano a tiro.

Egli era davvero un brutto ceffo, torvo, ringhioso e selvatico. Al mezzogiorno, mentre tutti gli altri operai della cava si mangiavano in crocchio la loro minestra, e facevano un pò di ricreazione, egli andava a rincantucciarsi col suo corbello fra le gambe, per rosicchiarsi quel suo pane di otto giorni, come fanno le bestie sue pari.

Domande: 17. Come viene chiamato il protagonista?
          18. Dove lavora?
          19. Quando lo vedeva la mamma?
          20. Com'era questo ragazzo?
          21. Che cosa rosicchiava per pranzo?

SELECTION NUMBER 3

NOW GET READY TO LISTEN TO THE THIRD SELECTION

LA FONTE DI PIETRARSA

Lo riconobbi da lontano. Lo riconobbi dal suo cavallino bianco, tanto fido e trottatore, e all'arsenale di pertiche, di biffe e di altri arnesi del mestiere che lui, ingegnere del Comune, si affestellava sul barroccino tutte le volte che aveva da battere la campagna per affari della sua professione.

Quando mi fu vicino gli feci un cenno con la mano, e lui rallentò il trotto e si fermò per il saluto e per la chiacchierata indispensabile quando due persone di conoscenza s'incontrano su per i monti, in mezzo ai boschi e in luoghi solitari.

- Lei torna dalla strada nuova dell'Acquaviva?
- No vengo da Pietrarsa dove mi son trattenuto due giorni per quella benedetta fonte....
- Ah, a proposito! Siamo ancora a nulla?
- Si; finalmente è tutto sistemato; livellazioni, espropriazioni, permesso della Provincia... è fatto tutto; ho sfilato i fondamenti, ho dato gli ordini all'accollatario, e lunedi, salvo che ce lo impedisca la stagione, si mette mano al lavoro.
- E lei, ingegnere, ci crede proprio? Crede proprio sul serio che la Fontana sarà fatta?
- Per bacco! Che impedimenti vuole che saltino proprio al punto nel quale siamo?
- Si vede che lei, caro ingegnere, mi scusi, veh! Si vede che lei non conosce ancora che panni vestono i buoni villici di questi posti remoti.
- Ma abbia pazienza, cotesto è un pessimismo...
- Ebbè; oggi siamo agli otto di marzo. Scommettiamo che fran un anno il primo mattone della fontana non è stato ancora murato.
- Le rubo la scommessa; ma scommetto.
- Che cosa scommettiamo?
- Una bella pipa di radica di scopa.
- Va bene; va bene la pipa di radica di scopa.
- Il di otto di marzo.
- Il di otto di marzo. Siamo d'accordo; ma è una pipa rubata.
- Sarà quel che sarà. Di otto di marzo.
- Pipa di radica.
E stipulammo il contratto con una risata e una stretta di mano.

22. Chi c'era sul cavallino bianco?
23. Di che cosa parlano i due?
24. Quanti ne abbiamo oggi?
25. Che cosa scommettono?

SELECTION NUMBER 4

NOW GET READY TO LISTEN TO THE FOURTH SELECTION:

MARSINA STRETTA

Di solito il professor Gori aveva molta pazienza con la vecchia domestica, che lo serviva da circa vent'anni. Quel giorno però, per la prima volta in vita sua, gli toccava d'indossar la marsina, ed era fuori della grazia di Dio.

Già il solo pensiero, che una cosa di cosi poco conto potesse mettere in orgasmo un animo come il suo, alieno da tutte le frivolezze e oppresso da tante gravi cure intellettuali, bastava a irritarlo. L'irritazione poi gli cresceva, considerando che con questo suo animo, potesse prestarsi a indossar quell'abito prescritto da una sciocca consuetudine per certe rappresentazioni di gala con cui la vita s'illude d'offrire a sè stessa una festa o un divertimento.

E poi, Dio mio, con quel corpaccio d'ippopotamo, di bestiaccia antidiluviana. E sbuffava, il professore, e fulminava con gli occhi la domestica che, piccola e boffice come una balla, si beava alla vista del grosso padrone in quell'insolito abito di parata, senz'avvertire, la sciagurata, che mortificazione dovevano averne tutt'intorno i vecchi e onesti mobili volgari e i poveri libri nella stanzetta quasi buia e in disordine.

Quella marsina, s'intende, non l'aveva di suo, il professor Gori. La prendeva a nolo. Il commesso d'un negozio vicino glien'aveva portato su in casa una bracciata, per la scelta; e ora, con l'aria d'un compitissimo *arbiter elegantiarum*, tenedo gli occhi semichiusi e sulle labbra un sorrisetto di compiacente superiorità lo esaminava, lo faceva voltare di qua di la, - *Pardon! Pardon!-*, e quindi concludeva, scuotendo il ciuffo;
  - Non va.

Domande: 26. Come si chiama il professore?
27. Che cosa deve indossare oggi?
28. Com'è la domestica?
29. Chi viene a casa sua?

SELECTION NUMBER 5

NOW GET READY TO LISTEN TO THE FIFTH SELECTION

Azione delle meteore sugli uomini di genio, analogie con alienati...

Una serie di indagini, minuziose, condotte per tre anni di seguito nella mia clinica, mi ha dimostrato con sicurezza matematica, come la psiche degli alienati si modifichi in modo costante sotto all'influenze barometriche e termometriche. Quando cioè la temperatura s'innalzava sopra

25,30 e 32 gradi d'un tratto il numero degli accessi maniaci, da 29, cresceva a 50; nei giorni in cui il barometro segnava brusche variazioni – massime di elevazione – la cifra degli accessi maniaci aumentava rapidamente da 34-46. or bene un'influenza, affatto analoga, si notò in coloro, a cui, una, non so se benigna o maligna, natura concesse, in più generosa copia, la potenza dell'intelletto. Pochi sono fra questi chen non confessino come il loro estro sia singolarmente soggetto alle influenze meteoriche. – Chi li avvicina o chi legge le loro corrispondenze s'accorge, anzi che le subiscono, che le soffrono tanto, d'aver bisogno, e sovente, di farne loro malgrado, non chieste lamentele, o di lottare, qualche volta, corpo a corpo, con congegni speciali contro quelle influenze per disarmarle, per toglierne il maligno influsso che smezza o impastoia il libero volo della loro mente.

Maine de Biran, il filosofo spiritualista per eccellenza, scrive:
"Non so comprendere come nei giorni di cattivo tempo io mi senta l'intelligenza e la volontà affatto diversa che nei giorni sereni."

Domande:
30. Per quanti anni sono state condotte le indagini?
31. Che cosa succedeva quando la temperatura saliva?
32. Chi era Maine de Biran?
33. È vero che si sente sempre lo stesso sia il tempo sereno, o cattivo?

SELECTION NUMBER 6

NOW GET READY TO LISTEN TO THE SIXTH SELECTION

L'ISOLA DI KOMODO

Un paio di anni dopo successe un fatto increscioso. Una sera, uscendo dalla sua stanza per la passeggiata notturna, invece di trovare come sempre l'appartamento disabitato e buio lo trovò pieno di gente. C'erano uomini, donne, diversi ragazzi, alcuni avevano dei cappellini in testa; altri, in mano, dei bicchieri di plastica. Il tavolo della stanza da pranzo, era coperto da vassoi pieni di cibo, da pile di piatti e mucchi di forchette. Nel mezzo c'era una grande torta con delle candeline azzurre sopra. Incerto sul da farsi Glauco restò un istante fermo davanti alla sua stanza. Solo Ada si accorse di lui. Facendosi largo tra le persone lo raggiunse e senza dir niente con una leggera pressione della mano sul suo ventre lo respinse dentro. Disteso sul letto con le mani dietro la nuca e davanti a sè il televisore spento, Glauco Decise che era giunto il momento di andarsene per sempre.

Domande:
34. Dove va Glauco quando esce dalla sua stanza?
35. Come ha trovata l'appartamento?
36. Che cosa c'era nel centro del tavolo?
37. Chi si è accorto di lui?

SELECTION NUMBER 7

NOW GET READY TO LISTEN TO THE SEVENTH SELECTION

La ragazza con la treccia…
Una ragazza di quindici anni che cammina su per via Bruno Buozzi. Ha il passo rapido e indeciso. Cammina curva su se stessa un pensiero recondito nascosto sotto l'arco delle ciglia.

Potete immaginarla; non tanto alta, qualcosa di sbilenco nelle gambe lunghe e magre, le spalle larghe, il collo sottile, la testa minuta. Ha la vita esile, la ragazza che immaginate, tanto che in colleggio la chiamavano 'formica' per quel giro di vita da stringere con due mani. I capelli sono bruni e scendono stretti in una sola treccia al centro della schiena.

La ragazza è arrivata in città da pochi mesi scendendo da un paese in mezzo alle montagne. E le strade di Roma sono per lei così lunghe che rischia di perdersi, i caffè sono così luminosi che a volte li scambia per gioiellerie, le case sono così alte che le danno la vertigine anche solo a guardarle.

Domande: 38.   Quanti anni ha la ragazza?
           39.   Come la chiamavano in colleggio?
           40.   Dov'era il suo paese?

ITALIAN LANGUAGE SCRIPT
SECTION II – PART C

Directions for speaking will be given to you by a master tape. You will be asked to speak in a variety of ways, and to record your voice. Follow carefully the directions for stopping and starting your tape recorder. At the end of the examination you should be sure to verify that your voice has been recorded.

(Announcer)

This is the speaking part of the Italian Language Examination. Your spoken responses to questions or statements will be recorded. Your score will be based on what is on the tape. It is important, therefore, that you speak loudly enough for the machine to record what you say. You will be asked to start and stop your recorder at various points in the test. In each case, you will be told when to turn your machine to the "Record" position and when to turn it off.

Follow the directions and record only when told to do so. You will now hear a number of recorded instructions that you should follow. The statements or questions you will hear are not printed in your booklet. Each question or statement will be spoken twice. After the sound of the tone, you will have 20 seconds to respond in Italian. A second tone will sound after 20 seconds have elapsed. Always wait until you hear the tone signal before you speak. Answer each question fully; your ability to express yourself fluently and correctly will be the main basis for your score.

Now you will hear a sample question, spoken twice, typical of the questions you will be asked. Try to answer it. Your answer to this question will not be recorded or scored. Here is the sample question:

(Speaker)

Cosa? Non ti ricordi la strada?
Cosa? Non ti ricordi la strada?

(Announcer)

You will be scored on the next five (5) questions or statements. The quality as well as the quantity of your response will affect your grade. Credit will be deducted if the answer is too short, you should therefore use all the available time. Turn the recorder to the "Record" position and start the tape.

Numero 1.   Perchè ridi, ti ha raccontato una barzelletta?
              Perchè ridi, ti ha raccontato una barzelletta?

              Tone (20 seconds) – Tone

Numero 2.   Cosa? Non hai denaro! Come farai a comprare il biglietto?
              Cosa? Non hai denaro! Come farai a comprare il biglietto?

              Tone (20 seconds) – Tone

Numero 3.   Ti è piaciuto il film? Me lo racconti?
              Ti è piaciuto il film? Me lo racconti?

              Tone (20 seconds) – Tone

Numero 4.   Da quanto tempo abiti in questa città? Ti piace?
                          Da quanto tempo abiti in questa città? Ti piace?

                          Tone (20 seconds) – Tone

Numero 5   Hai mai visitato il Giappone? Vorresti venirci con me?
                          Hai mai visitato il Giappone? Vorresti venirci con me?

                          Tone (20 seconds) – Tone

You will now be asked to speak in Italian about the pictures you see. You will have two minutes to look at and think about all the pictures in which to relate the sequence of events depicted. Be sure to consider each of the six pictures. No tone will sound between each frame; move directly from one picture to the next in the following sequence – left to right, top to bottom. You will be scored on the appropriateness, grammatical accuracy, range of vocabulary, pronunciation, and fluency of your response. Address each picture. The length of your response and the number of pictures addressed will affect your score. Do not start your tape recorder until you are told to do so.

(Announcer)

Begin to look at and think about the pictures. (2 minutes) Now turn your tape recorder to the "Record" position and start the tape moving through the machine. (6 seconds) You will have a total of two minutes to relate the sequence of events in all of the six pictures. When you have finished speaking, please indicate in either English or Italian the fact that you have finished and give your AP number. Begin as soon as you hear the tone signal. Tone (2 minutes)

Stop your tape recorder. This is the end of the Advanced Placement Italian Language Examination. Close your booklet. At the tone signal, begin to rewind the tape. Tone (10 seconds). Stop your recorder even though the tape is not completely rewound. (6 seconds) You should listen to your tape to make sure that your voice has been recorded. In the event that your voice was not recorded, raise your hand and the supervisor will help you. Now turn your tape recorder to the "Play" position and start the tape moving through the machine. (20 seconds) Stop your tape recorder. If your voice was not recorded, raise your hand and the supervisor will help you. Now rewind your tape completely. (10 seconds) Remove your tape from the machine and wait for further instructions. (5 seconds)

END OF RECORDING

EXAMINATION SECTION

ITALIAN LANGUAGE

Approximately three hours are allotted for this examination: 1 hour and 30 minutes for Section I, which consists of multiple-choice questions that assess listening and reading comprehension; and approximately 1 hour and 25 minutes for Section II, which consists of writing, cultural knowledge and speaking.

The use of dictionaries is not permitted during the examination.

SECTION I
Time - 1 hour and 30 minutes
Percent of total grade - 40

Part A: Time - Approximately 35 minutes: listening comprehension questions to test ability to understand spoken Italian

Part B: Suggested time - 55 minutes: passages with questions to test reading comprehension

If you have time remaining at the end, you may check your work on any part of Section I.

General Instructions

INDICATE ALL YOUR ANSWERS TO QUESTIONS IN SECTION I ON THE SEPARATE ANSWER SHEET. No credit will be given for anything written in this examination booklet, but you may use the booklet for notes or scratchwork. After you have decided which of the suggested answers is best, COMPLETELY fill in the corresponding oval on the answer sheet. Give only one answer to each question. If you change an answer, be sure that the previous mark is erased completely.

Many candidates wonder whether or not to guess the answers to questions about which they are not certain. In this section of the examination, as a correction for haphazard guessing, one-third of the number of questions you answer incorrectly will be subtracted from the number of questions you answer correctly. It is improbable, therefore, that mere guessing will improve your score significantly; it may even lower your score, and it does take time. If, however, you are not sure of the correct answer but have some knowledge of thè question and are able to eliminate one or more of the answer choices as wrong, your chance of getting the right answer is improved, and it may be to your advantage to answer such a question.

Use your time effectively, working as rapidly as you can without losing accuracy. Do not spend too much time on questions that are too difficult. Go on to other questions and come back to the difficult ones later if you have time. It is not expected that everyone will be able to answer all the multiple-choice questions.

ITALIAN LANGUAGE
SECTION I
Time - 1 hour and 30 minutes
PART A
Time - Approximately 35 minutes

DIRECTIONS: Por each question in this part, you will bear a brief exchange between two people. From the four choices in your test booklet, choose the appropriate answer.

DIALOGUE 1 : *Al telefono in un ufficio tecnico*

1.   A. A casa   1._____
      B. Al telefono in un ufficio tecnico
      C. In un teatro'
      D. Per strada

2.   A. Sua madre   2._____
      B. Jessica
      C. Maria
      D. Giovanni

3.   A. 530 Via piave   3._____
      B. 31 Via consolare
      C. 530Via tripoli
      D. Sebastiano

4.   A. Partirà per New York   4._____
      B. Visiterà l'Italia
      C. Telefonerà ad un'amica
      D. Andrà a cena a casa di Giovanni

DIALOGUE 2: *Una conversazione dall 'architetto*

5.   A. In auto   5._____
      B. In ufficio
      C. A casa
      D. Per strada

6.   A. Fare un telefonata   6._____
      B. Una partita in tv
      C. Un appuntamento
      D. Una visita dal dottore

7.   A. Non mi ricordo   7._____
      B. Per venti persone
      C. Per dieci persone
      D. Per trenta

8.   A. Giocare   8._____
      B. Leggere
      C. Parlare
      D. Mangiare

DIALOGUE 3: *A casa una sorpresa inaspettata*

9.   A. Pallido   9.____
- B. Felice
- C. Strano
- D. Silenzioso

10. A. Il papa   10.____
- B. I ladri
- C. Una vicina di casa
- D. La polizia

11. A. Il televisore   11.____
- B. Il cane
- C. Il computer
- D. I gioielli della mamma

12. A. Anche da loro i furti non mancano   12.____
- B. Sperano di ritrovare i gioielli
- C. Sanno chi sono i ladri
- D. L'assicurazione aiuterà a pagare

DIRECTIONS: You will now listen to several selections. Each selection will be followed by a series of spoken questions based on content. During the pause, select the best answer to each question from among the four choices printed in your test booklet, and piace your answer on the line at the right.

SELECTION NUMBER 1

NOW GET READY TO LISTEN TO THE FIRST SELECTION

13. A. Per il circo   13.____
- B. Suonatori di fisarmoniche
- C. Operai
- D. Gladiatori

14. A. Boxe e Big Band   14.____
- B. Dalla Spagna
- C. Chitarra
- D. L'Inghilterra

15. A. Trucco   15.____
- B. Dalla Crema
- C. Dal Paesaggio e dal clima
- D. Baffi

16. A. Tutto o quasi quello che è Italiano   16.____
- B. Roma
- C. In riva al mare
- D. Una *piazza*

SELECTION NUMBER 2

NOW GET READY TO LISTEN TO THE SECOND SELECTION

17.   A.   Al bar   17._____
      B.   Per strada
      C.   A casa
      D.   Degli eventi locali

18.   A.   Ogni luogo publico e ogni *piazza*   18._____
      B.   La spiaggia
      C.   La Casa
      D.   Da per tutto

19.   A.   Non lo so   19._____
      B.   Nessuno
      C.   Tutti
      D.   100

20.   A.   Lunedì   20._____
      B.   Sabato
      C.   Domenica
      D.   Martedì

21.   A.   Per bere   21._____
      B.   Per la scuadra del cuore
      C.   Per mangiare
      D.   Per correre

SELECTION NUMBER 3

NOW GEI READY TO LISTEN TO THE THIRD SELECTION

22.   A.   Presto   22._____
      B.   Uno alle 10 e uno alla 11
      C.   Uno alle 9 e uno presto
      D.   Uno alle 7 e uno tardi

23.   A.   Alla scuola di immagine   23._____
      B.   All'università
      C.   A casa
      D.   Alla stazione

24.   A.   Canta   24._____
      B.   Balla
      C.   Ascolta musica
      D.   Corre

25.   A.   Leggere   25._____
      B.   Uscire
      C.   Il brodo
      D.   Ballare

SELECTION NUMBER 4

NOW GET READY TO LISTEN TO THE FOURTH SELECTION

26. A. 6 persone
    B. 8 persone
    C. 40 persone
    D. 5 persone

26.____

27. A. Il parmigiano
    B. Rose Chiaro
    C. Rosso Secco
    D. Bianco Secco

27.____

28. A. A Pezzi
    B. Fette Grosse
    C. Fette Sottili
    D. Un foglio di carta

28.____

29. A. Aggiungere vino
    B. Aggiungere brodo
    C. Aggiungere l'acqua
    D. Cosi si finisce prima

29.____

SELECTION NUMBER 5

NOW GET READY TO LISTEN TO THE FIFTH SELECTION

30. A. Mangiano
    B. Dormano
    C. Giocano
    D. Pescano

30.____

31. A. Bari
    B. Roma
    C. Capo d'Orlando
    D. Assisi

31.____

32. A. Negli anni 20
    B. Otto anni fa
    C. Due anni prima che lui nascesse
    D. Tevere

32.____

33. A. Anni cinquanta
    B. 1900
    C. Giovanni Pascoli
    D. Anni venti

33.____

34. A. Macellaio
    B. Muratore
    C. Ingegnere
    D. Architetto

34.____

SELECTION NUMBER 6

NOW GET READY TO LISTEN TO THE SIXTH SELECTION

35. A. Deserto
     B. Desolato
     C. Unico e Imparegiabile
     D. La fede

35._____

36. A. Dalla vetta del volcano fino ai paesi
     B. l0 km
     C. A meno di 12 km
     D. Non lo so

36._____

37. A. 10 zone
     B. 4 zone
     C. 20 zone
     D. 76 zone

37._____

SELECTION NUMBER 7

NOW GEI READY TO LISTEN TO THE SEVENTH SELECTION

38. A. Holloween
     B. Il Natale
     C. Il carnevale
     D. 1925

38._____

39. A. Maglia
     B. Jeans
     C. In vestito
     D. Costumi tradizionali

39._____

40. A. D'arte e di musica
     B. La periferia
     C. Via Speranza
     D. Tutto il centro storico

40._____

END OF PART "A"

ITALIAN LANGUAGE
SECTION I
PART B
Time - Approximately 55 minutes

DIRECTIONS: In each of the following paragraphs, there are numbered blanks indicating that words or phrases bave been omitted. Por each numbered blank, four completions are provided. First read through the entire selection, then, for each numbered blank, choose the completion that is most appropriate and piace your answer on the line at the right.

Il Mal di Gola... Cos'è?

Il mal di gola può essere dovuto ad una___(41)___, come una infezione___(42)___e batterica, o il segno di una___(43)___dovuta al fumo, ad un eccessivo uso di___(44)___alcoliche o a sostanze chimiche irritanti presenti nell'ambiente. A seconda della causa il mal di gola può accompagnarsi a febbre, gonfiore alle linfoghiandole del___(45)___, scolo nasale, tosse, prurito agli occhi o raucedine, eruzioni cutanee. Una___(46)___molto comune, ma non banale, è una ___(47)___delle tonsille dovuto a___(48)___(streptococchi) o a virus.

41. A. colore   41.____
     B. fiore
     C. malattia
     D. cosa

42. A. classiche   42.____
     B. virale
     C. antiche
     D. esterna

43. A. pelle   43.____
     B. mano
     C. ogni giorno
     D. irritazione

44. A. bevande   44.____
     B. acqua
     C. occhi
     D. indigestione

45. A. la schiena   45.____
     B. orrechioni
     C. collo
     D. i singhiozzi

46. A. scelta   46.____
     B. causa
     C. dolore
     D. cotta

47.   A. infezzione   47.____
        B. cucina
        C. bagno
        D. olio

48.   A. debolezza   48.____
        B. sapore
        C. batteri
        D. odore

I Diamanti:

Gli antichi Greci___(49)___che i diamanti fossero dei frammenti di___(50)___caduti sulla terra dal cielo.
Alcuni di loro dicevano anche che erano le ___(51)___degli Dei. Un'altra___(52)___sostiene che esisteva una valle inaccessibile dell'Asia centrale tappezzata di ___(53)___, custodita da uccelli rapaci dall'alto e da serpenti dagli ___(54)___assassini sulla terra. La verità è comunque che P___(55)___esatta dei diamanti è ancora piuttosto ___(56)___.

49.   A. credevano   49.____
        B. prendono
        C. mangiavano
        D. ha

50.   A. pane   50.____
        B. stelle
        C. vetro
        D. legno

51.   A. piedi   51.____
        B. saliva
        C. lacrime
        D. digerire

52.   A. legenda   52.____
        B. verità
        C. mancanza
        D. assistenza

53.   A. potenza   53.____
        B. diamanti
        C. mostri
        D. mortadella

54.   A. mano   54.____
        B. piede
        C. bocca
        D. occhi

55.   A.   origine
      B.   fisica
      C.   naturale
      D.   oculare

55.____

56.   A.   esatta
      B.   roma
      C.   misteriosa
      D.   ospedale

56.____

Il Mal Di Denti...

Questo___(57)___è dovuto a un'infiammazione dei___(58)___del dente e/o della___(59)___, sua volta provocata da altre cause: trami, carie e infezioni (ascessi). Come in tutte le infiamma-zioni, i___(60)___sono dovuti alla liberazione delle prostaglandine___(61)___ provocano il___(62)___dei___(63)___e il dolore.

57.   A.   piacere
      B.   sentimento
      C.   disturbo
      D.   rumore

57.____

58.   A.   tessuti
      B.   osso
      C.   cerne
      D.   muscoli

58.____

59.   A.   occhio
      B.   lingua
      C.   mano
      D.   gengiva

59.____

60.   A.   cerco
      B.   sintomi
      C.   spero
      D.   punti

60.____

61.   A.   ci sono
      B.   chi
      C.   che
      D.   non c'è

61.____

62.   A.   gonfiore
      B.   piacere
      C.   prurito
      D.   osso

62.____

63.   A.   capelli
      B.   tessuti
      C.   alcuna
      D.   ditto

63.____

DIRECTIONS: Read the following passages carefully for comprehension. Each passage is followed by a number of questions. Select the answer that is best according to the passage and fill in the corresponding oval on the answer sheet. There is no sample question for this part.

Passage 1

This selection was originally published in: **Il Giornale di Sicilia, Nov. 8, 2006**

TUTTI A TAVOLA CON LE SPECIALITÀ' DEI NEBRODI

I prodotti tipici dei Nebrodi pronti a fare capolino sulle tavole del nord Italia e dell'Europa grazie all'intesa raggiunta, sotto l'egida del Parco dei Nebrodi, fra i produttori e Rana Foods. Quest'ultima è una delle più importanti aziende europee nella distribuzione alimentare, legata alla famosa famiglia veronese che commercializzerà in tutti i suoi canali mercantili i prodotti della zona nebroidea. I responsabili dell'azienda con sede a Busto Arsizio, Fulvio Gobbo e Maria Luisa Castiglione, hanno incontrato, ieri, nella cittadina, diversi produttori nebroidei, per concordare e definire alcuni dettagli funzionali ad una migliore distribuzione dei prodotti.

Nel giro di breve tempo, i prodotti tipici provenienti dalla zona nebroidea, strettamente riconducibili al territorio mediante un **marchio di riconoscimento,** potranno essere presenti su svariati mercati nazionali ed internazionali e saranno promossi attraverso internet e vari canali pubblicitari.

Lo sposalizio fra l'azienda gastronomica lombarda ed i prodotti tipici è stato raggiunto grazie alla grande opera di promozione dei prodotti tipici e delle Strade dei Sapori che il **Parco dei Nebrodi** ha sin qui svolto con varie campagne di degustazione in tutta Italia, che hanno portato alla ribalta le prelibatezze dell'hinterland nebroideo. La sinergia con Rana Food rappresenta per il Parco dei Nebrodi una nuova tappa nel processo di valorizzazione del territorio e promozione delle proprie tipicità, che sta sempre più allargando gli orizzonti.

Il commissario straordinario dell'Ente Parco dei Nebrodi, Salvatore Seminara, dichiara: "L'obiettivo del Parco dei Nebrodi è contribuire alla valorizzazione dei prodotti tipici locali, supportare i ristoratori aderenti alla **Rete Strada dei Sapori dei Nebrodi,** garantire i fruitori attraverso standard di qualità e genuinità dei prodotti e dei servizi e, in generale, integrare gli aspetti gastronomici a quelli naturalistici, culturali, ricreativi del turismo nebroideo".

64. Su quali tavole stanno arrivando i prodotto tipici dei nebrodi?   64._____

    A. In montagna
    B. Sulle tavole del nord Italia e dell'Europa
    C. Nei piccoli paesi
    D. In città

65. Come si chiama una delle più importanti aziende europee nella distribuzione alimen-   65._____
tare?

    A. Cirio
    B. Rana Foods
    C. Barilla
    D. Pogliatti

66. Dove sarà presente il marchio di riconoscimento?   66.____

    A. Su svariati mercato esteri
    B. Su svariati mercati nazionali
    C. Su svariate tavole italiane
    D. Su svariati mercati nazionali ed internazionali

67. Chi hanno incontrato Fulvio Gobbo e Maria Luisa Castiglione?   67.____

    A. Il presidente della republica
    B. Diversi produttori nebroidei
    C. Il Papa
    D. Diversi amici a cena

68. Come si chiama il commissario straordinario dell'Ente Parco dei Nebrodi?   68.____

    A. Antonio Belgiovine
    B. Giuseppe Russo
    C. Salvatore Seminara
    D. Contiguglia Basilio

69. Qual'è Pobbiettivo del parco dei nebrodi?   69.____

    A. Produrre tanti prodotti, per dare da mandiare agli animali locali
    B. Integrare gli aspetti gastronomici a quelli naturalistici, culturali, ricreativi del turismo nebroideo
    C. Integrare i suini nella dieta giornaliera dei Siciliani
    D. Mangiare pi verdura e meno carne

Passage 2
This selection was originally published in: **I Malavoglia, by Giovanni Verga**

I Malavoglia capotolol selection.
Nel dicembre 1863, 'Ntoni, il maggiore dei nipoti, era stato chiamato per la leva di mare. Padron 'Ntoni allora era corso dai pezzi grossi del paese, che son quelli che possono aiutarci. Ma don Giammaria, il vicario, gli avea risposto che gli stava bene, e questo era il frutto di quella rivoluzione di satanasso che avevano fatto collo sciorinare il fazzoletto tricolore dal campanile. Invece don Franco lo speziale si metteva a ridere fra i peli della barbona, e gli giurava fregandosi le mani che se arrivavano a mettere assieme un po' di repubblica, tutti quelli della leva e delle tasse li avrebbero presi a calci nel sedere, che soldati non ce ne sarebbero stati più, e invece tutti sarebbero andati alla guerra, se bisognava. Allora padron 'Ntoni lo pregava e lo strapregava per l'amor di Dio di fargliela presto la repubblica, prima che suo nipote 'Ntoni andasse soldato, come se don Franco ce l'avesse in tasca; tanto che lo speziale finì coll'andare in collera. Allora don Silvestro il segretario si smascellava dalle risa a quei discorsi, e finalmente disse lui che con un certo gruzzoletto fatto scivolare in tasca a tale e tal altra persona che sapeva lui, avrebbero saputo trovare a suo nipote un difetto da riformarlo. Per disgrazia il ragazzo era fatto con coscienza, come se ne fabbricano ancora ad Aci Trezza, e il dottore della leva, quando si vide dinanzi quel pezzo di giovanotto, gli disse che aveva il difetto di esser piantato come un pilastro su quei piedacci che sembravano pale di ficodindia; ma i piedi fatti a pala di ficodindia ci stanno meglio degli stivalini stretti sul ponte di una corazzata, in certe giornatacce; e perciò si presero 'Ntoni senza dire «permettete». La Longa, mentre i coscritti erano condotti in quartiere, trottando trafelata accanto al passo lungo del figliuolo, gli andava raccomandando di tenersi

sempre sulpetto l'abitino della Madonna, e di mandare le notizie ogni volta che tornava qualche conoscente dalla città, che poi gli avrebbero mandato i soldi per la carta.

70. A cosa è stato chiamato il maggiore dei nipoti; 'Ntoni?   70.____

    A. Per andare in città
    B. A sposarsi
    C. Per la leva di mare
    D. Dalla sorella

71. Dove sarebbero andati quelli della leva se bisognava?   71.____

    A. A casa
    B. Alla guerra
    C. Sulle rocce
    D. Sopra una collina

72. Che cosa voleva Silvestro il segretario per trovare un difetto a 'Ntoni da riformarlo?   72.____

    A. Un certo gruzzoletto
    B. Una mela
    C. Un sorriso
    D. Un libro

73. Come sembravano piedi di 'Ntoni?   73.____

    A. Due stecchini
    B. Pale di ficodindia
    C. Piccoli
    D. Non si sa

74. Che cosa gli avrebbero mandato?   74.____

    A. Le patatine
    B. I vestiti
    C. Un libro
    D. I soldi per la carta

Passage 3
This selection was originally published in: **La Sbornia - by Federigo Tozzi**

Ora che ho già quarant'anni, m'è venuto voglia di pigliar moglie. È vero che al matrimonio ci ho pensato parecchie volte, ma non credevo mai di decidermi sul serio. Sono impiegato alle ferrovie, e capostazione da molto tempo. Cominciai la mia carriera in un piccolo paese delle Marche, poi fui mandato in Toscana, poi vicino a Bologna; ed ora sto a Firenze. Stasera scriverò a quella che fu la mia padrona di casa qui in Toscana, e le domanderò se è disposta a sposarmi. Glielo dico dopo sei anni che sono qua; e mai glielo avevo fatto capire. Già io stesso non ci pensavo né meno! È una vedova, pensionata della ferrovia; e credo che io non le sia antipatico. Lei non è bella: è corpulenta, ha I denti troppo radi e guasti, ha il naso che pare gonfio. Ma la sua casa era pulitissima; ed è stata con me molto gentile. Dalla sua finestra di cucina si poteva vedere la mia, perché ambedue rispondevano in un cortile tutto incalcinato e stretto.

75. Di cosa ha voglia il protagonista?   75.____

    A. Di andare a Roma
    B. Di fiori freschi
    C. Di pigliar moglie
    D. Di felicità

76. Che lavoro fa il protagonista?   76.____

    A. Capo stazione
    B. Macellaio
    C. Pittore
    D. Prete

77. A chi scrive il protagonista?   77.____

    A. Alla mamma
    B. Alla padrona di casa
    C. A un amico
    D. A sui cugino

78. Com'era la sua casa?   78.____

    A. Grande
    B. Piccola
    C. Pulitissima
    D. Sporca

79. Dove rispondevano le finestre?   79.____

    A. Sulla strada
    B. In un cortile
    C. Sulla macchina
    D. Sul mare

80. Com'era il cortile?   80.____

    A. Incalcinato e stretto
    B. Alto
    C. Grande e lungo
    D. Rotondo e grasso

Passage 4
This selection was originally published in: *Panorama - by Fabio Gibellino*

Soffocati dalle micropolveri

Per l'Organizzazione mondiale della sanità in Italia ogni anno muoiono quasi 9 mila persone per l'inquinamento. Colpa di ozono e polveri sottili » Le città più inquinate

Che l'inverno stringerà le città italiane nella morsa dell'inquinamento non è previsione difficile. Soprattutto dopo aver letto Impatto sanitario del Pm 10 e dell'ozono in 13 città italiane, una ricerca prodotta dall'Organizzazione mondiale per la sanità (Oms) che ha preso in esame 13 comuni con più di 200 mila abitanti: Torino, Genova, Milano, Trieste, Padova, Venezia-Mestre, Verona, Bologna, Firenze, Roma, Napoli, Catania e Palermo. Risultato: i danni alla salute sono ingenti.

«L'inquinamento è un problema di sanità pubblica» sostiene Roberto Bertollini, direttore ambiente e salute di Oms Europa. I numeri gli danno ragione: 8.220 morti all'anno sono attribuiti agli effetti a lungo termine delle concentrazioni di Pm 10 e 516 sono causati dall'ozono. Infarto, cancro ai polmoni e ictus le cause maggiori, alle quali si aggiungono bronchiti croniche, asma e altre patologie respiratorie.

La città nelle condizioni peggiori per Pm 10, secondo le statistiche relative al 2002-2004, era Verona, che nel 2004 aveva raggiunto una media di 66,5 microgrammi per metro cubo, poi Padova con 57,2 e Milano con 55,2. Limiti un bel po' superiori ai 40 microgrammi fissati dalle normative europee.

Più in forma erano Trieste con 16,6, Catania con 31,5 e Napoli con 33,1 microgrammi. Milano, Trieste e Bologna, tuttavia, avevano sempre diminuito i livelli di concentrazione, al contrario Torino e Verona li avevano sempre aumentati.

81. Quanti milioni di persone muoiono in Italia ogni anno a casue del inquinamento?   81.____

    A. Nove milioni
    B. Nove mila
    C. Undici mila
    D. Nessuno

82. In quale stagione l'inquinamento e più alto?   82.____

    A. In estate
    B. In inverno
    C. In primavera
    D. In autunno

83. Come si chiama il diretorre di OMS europa?   83.____

    A. Antonio Bergomini
    B. Roberto Bertollini
    C. Tony Blair
    D. Antonio Cassano

84. La città in condizioni pegiori nel 2002-2004?? 84._____

    A. Catania
    B. Palermo
    C. Messina
    D.ʹ Verona

85. QuaPè la città più in forma? 85._____

    A. Trieste
    B. Milano
    C. Maracaibo
    D. Ramacca

Passage 5
This selection was originally published in: **Panorama - by Martella Boerci**

Quanto costa un figlio in provetta
La procreazione assistita in Italia coinvolge oltre 20 mila coppie l'anno e alimenta un mercato di 400 milioni di euro. Dal seme all'impianto, tutti i costi del bambino tecnologico. Venticinque-30 mila euro se va bene.

In certi casi possono raddoppiare e, se si va oltre le terapie standard, arrivare a 90 mila. Sommando analisi, farmaci e trattamenti è questo il costo approssimativo di un bambino che nasce dalla fecondazione medicalmente assistita. Finora in dettaglio non era stato mai calcolato. Nel 2005 i bambini venuti al mondo in Italia grazie alle tecniche di fecondazione assistita sono stati quasi 9 mila, su un totale di circa 30 mila trattamenti eseguiti, un quarto dei quali effettuati all'estero per aggirare le restrizioni previste dalla legge 40, in vigore dal 2004.

La fecondazione assistita coinvolge il 5-7 per cento delle coppie con difficoltà a concepire (40-50 mila l'anno), passa attraverso 326 strutture cliniche pubbliche e private (il più alto numero dell'Unione Europea) e alimenta un giro d'affari stimato attorno ai 400 milioni di euro (3 miliardi di dollari degli Stati Uniti).

Partiamo da qui, dal costo economico con cui deve fare i conti chi prova il legittimo desiderio di un figlio ma non ha i requisiti richiesti dalla legge o non trova spazio nelle lunghe liste di attesa, anche di anni, degli ospedali pubblici. E quindi, nel tentativo di procreare, si rivolge a una clinica privata, in Italia o all'estero.

86. Quante coppie convolge ogni anno la procreazione assistita? 86._____

    A. 20 mila coppie
    B. 1 coppia
    C. 300 mila coppie
    D. 400 milioni di coppie

87. Quanto costa un bambino? 87._____

    A. 10 mila euro
    B. 25-30 mila euro
    C. 30-40 mila euro
    D. 1 milione di euro

88. Quanti sono stati i bambini nati grazie alla fecondazione assistita in Italia nel 2005?   88.____

    A. Dieci milioni
    B. Nove mila
    C. Cento mila
    D. Un miliardo

89. Quante coppie con difficoltà a concepire sono coinvolte la fecondazione Assistita?   89.____

    A. 5-7 percento
    B. 10-15 percento
    C. 8 percento
    D. 30 percento

90. A chi si rivolgono i pazienti?   90.____

    A. A un ospedale
    B. A una clinica privata
    C. A un prete
    D. A la mamma

ITALIAN LANGUAGE
SECTION II
Time - 1 hour and 25 minutes
Percent of total grade - 60

Part A: Time - 40 minutes:

This part is a test of your ability to write in Italian. It consists of two completion sets and one essay on a given topic.

When the supervisor announces the time at which each of the tasks should be completed, you should go on to the next exercise. If you finish before time is called, you may check your work on Part A, but you may NOT go on to Part B.

Write only in the lined spaces provided for the answers. Scratchwork may be done on the perforated blue insert enclosed in the booklet. Writing or notes made on the blue sheet will not be counted.

You should write your answers with a pen, preferably in black or dark blue ink. If you must use a pendi, be sure it has a well-sharpened point. Be sure to write CLEARLY and LEGIBLY. Cross out any errors you make.

Part B: Time - 30 minutes:

This part is made up of one question to be answered in composition form. It tests your knowledge and understanding of Italian culture.

Part C: Time - 15 minutes

This part is a test of your ability to speak in Italian. You will be asked to speak in a variety of ways and to record your voice. You will also be asked to start and stop your recorder several times. Be sure to follow the instructions you will hear.

When you are told to begin, open your pink booklet, gently tear out the blue insert, and start work on Part A. Write your answers to Part A in the <u>pink booklet.</u> Do not open the Part B green booklet until you are told to do so.

DO NOT OPEN THIS BOOKLET UNTIL YOU ARE TOLD TO DO SO.

ITALIAN LANGUAGE
SECTION II-PARTA
Time - 40 minutes

DIRECTIONS: Read the following passage. Then, based on thè context provided by thè entire
passage, write on thè line after each number the correct form of the verb in
parentheses. In order to receive credit, you must speli the verb correctly and
piace accents and apostrophes where necessary. Be sure to write the verb on
the line even if no change is needed.

___(1)___un bambino che___(2)___Francesco,___(3)___dotati per vivere, avevano quel genio
italiano, ma non di tutti gli italiani, di muoversi, di ___(4)___e di sorridere che___(5)___come
bagnato dal mare Mediterraneo. Il sole dell'Adriatico___(6)___molto ma non è come il mare
Mediterraneo nei corpi e nelle movenze delle persone veramente italiane. Questo___(7)___loro
un forte senso di familiarità, anche come fratello e sorella, e di sempre maggiore complicità. La
complicità era___(8)___a una grande naturalezza forse nata da matrimoni fra bisnonni ed avi
ed è___(9)___ai movimenti comuni che si fanno in gioventù nella stessa terra quando si man-
gia e si dorme vicini e ad un'aria di famiglia che in quegli anni moltissimi italiani___(10)___.

    1. _____(avere)
    2. _____(chiamare)
    3. _____(essere)
    4. _____(camminare)
    5. _____(essere)
    6. _____(fare)
    7. _____(dare)
    8. _____(dovere)
    9. _____(legare)
    10. _____(avere)

DIRECTIONS: Read the following passage. Then, based on the context provided by the entire passage, write on the line after each number ONE single Italian word that is correct in meaning and form. In order to receive credit, you must spell the word correctly and place accents and apostrophes where necessary. Be sure to write a word for every blank.

Accanto___(11)___botteghe o___(12)___mercati poi,___(13)___la Sinagoga, dove ___(14)___ visitatori partecipavano al rito ___(15)___preghiera. ___(16)___c'è anche la pro-fana corte ___(17)___Erode,___(18)___tanto di suonatori e ballerine. Una delle ___ (19) ___ riuscite è quella del matrimonio giudaico; gli sposi siedono attorniati___(20)___ ospiti e da anfore colme di vino.

11. _____
12. _____
13. _____
14. _____
15. _____
16. _____
17. _____
18. _____
19. _____
20. _____

DIRECTIONS: Write in Italian a well-organized and coherent composition of about 150 to 200 words on the topic below. You may want to take a few minutes to organize your thoughts before you begin to write your composition. Your work will be evaluated for grammatical accuracy and spelling for variety, range, and appropriateness of vocabulary and idioms, and for organization.

NO extra credit will be given for exceeding the prescribed length.
NO credit will be given for compositions that are too short.
NO credit will be given for a composition that does not address the topic.
Do not write using capitai letters only, since it will affect your grade level.
Take some time to PROOFREAD your work. WRITE LEGIBLY.

Composition:

21. **Your son is ill; you must call the doctors to explain the symptoms. Tell the nurse your name, address and phone number, and ask to speak to the doctor. Be sure to tell the doctor your son's specific symptoms, such as fever, nausea, stomach ache, etc. Ask the doctor what you should do and how to handle it**

ITALIAN LANGUAGE
SECTION II-PART B
Time - 30 minutes

DIRECTIONS: Write in Italian a well-organized and coherent composition of about 150 words
on the topic below. Imagine you are writing the composition to submit it to an
Italian writing contest. You should take a few minutes to organize your thoughts before you begin to write the composition. Your work will be evaluated for
your knowledge of Italian culture, as well as its organization and clarity, range
and appropriateness of vocabulary, grammatical accuracy and spelling.

**Scegli una città italiana grande o piccola, famosa oppure no. Descrìvi almeno
DUE elementi (avvenimenti, persone, monumenti, usi, costumi, ecc.) che la rendono importante e spiega perché. Giustifica la tue opinione facendo riferimento a
letture, film, esperienze personali o discussioni in classe.**

ITALIAN LANGUAGE
SECTION II-PART C
Time - 15 minutes

DIRECTIONS: Follow the instructions as provided by the master recording. You will be asked to speak in a variety of ways, and to record your voice. Follow carefully the directions for stopping and starting your tape recorder. At the end of the examination you should be sure to verify that your voice has been recorded.

(Announcer)

This is the speaking part of the Italian Language Examination. Your spoken responses to questions or statements will be recorded. Your score will be based on what is on the tape. It is important, therefore, that you speak loudly enough for the machine to record what you say. You will be asked to start and stop your recorder at various points in the test. In each case, you will be told when to turn your machine to the "Record" position and when to turn it off.

Follow the directions and record only when told to do so. You will now hear a number of recorded instructions that you should follow. The statements or questions you will hear are not printed in your booklet. Each question or statement will be spoken twice. After the sound of the tone, you will have 20 seconds to respond in Italian. A second tone will sound after 20 seconds have elapsed. Always wait until you hear the tone signal before you speak. Answer each question fully; your ability to express yourself fluently and correctly will be the main basis for your score.

Now you will hear a sample question, spoken twice, typical of the questions you will be asked. Try to answer it. Your answer to this question will not be recorded or scored. Mere is the sample question:

[SAMPLE QUESTION]

(Announcer)

You will be scored on the next five (5) questions or statements. The quality as well as the quantity of your response will affect your grade. Credit will be deducted if the answer is too short, you should therefore use all the available time. Turn the recorder to the "Record" position and start the tape.

[LISTEN FOR SPOKEN QUESTIONS 1-5]

You will now be asked to speak in Italian about the pictures you see. You will bave 2 minutes to look at and think about all the pictures in which to relate the sequence of events depicted. Be sure to consider each of the six pictures. No tone will sound between each frame; move directly from one picture to the next in the following sequence - left to right, top to bottom. You will be scored on the appropriateness, grammatical accuracy, range of vocabulary, pronunciation, and fluency of your response. Address each picture. The length of your response and the number of pictures addressed will affect your score. Do not start your tape recorder until you are told to do so.

(Announcer)

Begin to look at and think about the pictures. (2 minutes) Now turn your tape recorder to the "Record" position and start the tape moving through the machine. (6 seconds) You will have a total of 2 minutes to relate the sequence of events in all of the six pictures. When you have finished speaking, please indicate in either English or Italian the fact that you have finished and give your AP number. Begin as soon as you bear the tone signal. Tone (2 minutes).

1.

2.

3.

4.

5.

6.

[BEGIN SPEAKING]

Stop your tape recorder. This is the end of the Advanced Placement Italian Language Examination. Close your booklet. At the tone signal, begin to rewind the tape. Tone (10 seconds). Stop your recorder even though the tape is not completely rewound. (6 seconds) You should listen to your tape to make sure that your voice has been recorded. In the event that your voice was not recorded, raise your hand and the supervisor will help you. Now turn your tape recorder to the "Play" position and start the tape moving through the machine. (20 seconds) Stop your tape recorder. If your voice was not recorded, raise your hand and the supervisor will help you. Now rewind your tape completely. (10 seconds) Remove your tape from the machine and wait for further instructions. (5 seconds)

<u>END OF RECORDING</u>

———————

KEY (CORRECT ANSWERS)

	SECTION I		SECTION II

1.	B	31.	C	61.	C	1.	ebbero
2.	D	32.	C	62.	A	2.	chiamarono
3.	C	33.	D	63.	B	3.	erano
4.	D	34.	B	64.	B	4.	camminare
5.	B	35.	C	65.	B	5.	è
6.	C	36.	A	66.	D	6.	fa
7.	B	37.	B	67.	B	7.	da
8.	C	38.	C	68.	C	8.	dovuto
9.	C	39.	D	69.	B	9.	legata
10.	B	40.	A	70.	C	10.	avevano
11.	D	41.	C	71.	B	11.	alle
12.	A	42.	B	72.	A	12.	ai
13.	B	43.	D	73.	B	13.	c'è
14.	A	44.	A	74.	D	14.	i
15.	C	45.	C	75.	C	15.	della
16.	A	46.	B	76.	A	16.	ma
17.	B	47.	A	77.	B	17.	di
18.	A	48.	C	78.	C	18.	con
19.	C	49.	A	79.	B	19.	più
20.	C	50.	B	80.	A	20.	dagli
21.	B	51.	C	81.	B		
22.	D	52.	A	82.	B		
23.	A	53.	B	83.	B		
24.	C	54.	D	84.	D		
25.	B	55.	A	85.	B		
26.	A	56.	C	86.	A		
27.	D	57.	C	87.	B		
28.	C	58.	A	88.	B		
29.	B	59.	D	89.	A		
30.	A	60.	B	90.	B		

ITALIAN LANGUAGE SCRIPT
SECTION I-PART A

(Announcer) This is the Listening part of the Italian Language Examination.

DIRECTIONS: Por each question in this part, you will hear a brief exchange between two people. Fronti the four choices printed in your test booklet, choose the most appropriate answer.

(Announcer) NOW GET READY POR THE FIRST BRIEF EXCHANGE. (5 seconds)

Dialogo 1 -*Al telefono in un ufficio tecnico*

A.   Pronto, sono Giuseppe Russo.
B.   Pronto, vorrei parlare con l'architetto Giovanni Costanzo.
A.   Chi parla prego?
B.   I vana Triscari
A.   Pronto?
B.   Pronto, Sono Ivana l'amica di tuo fratello Sebastiano da Roma.
A.   Oh, ciao che piacere sentirti, mio fratello mi ha parlato molto di te.
B.   Spero bene!
A.   Certo! mi ha raccontato delle vostre partite di tennis.
B.   Telefono, perché Sebastiano mi ha chiesto di farvi una visita, se mi fermavo Bologna.
A.   Si! perché non vieni a cena da noi stasera, poi potremo andare in discoteca o a bere
qualcosa e potresti dormire da noi. Cosi faresti l'esperienza di una notte a Bologna.
B.   Volentieri, mi puoi dare l'indirizzo esatto?
A.   530 Via Tripoli, terzo piano.
B.   A che ora?
A.   Va bene alle diciannove?
B.   Si, benissimo! In fondo sono in vacanza.
A.   Allora, ci vediamo più tardi. Sono ansioso di conoscerti.
B.   Anch'io, a più tardi! Ciao.

Domande: 1.   Dove si svolge la conversazione?
2.   Chi cerca Ivana?
3.   Dove abitano I fratelli?
4.   Che cosa farà alle diciannove?

Dialogo 2 - *Una conversazione dall'architetto*

A.   Buongiorno, si accomodi nel mio ufficio.
B.   Buongiorno architetto, grazie.
A.   Signor Silvio, guardiamo i disegni, così ne parliamo meglio.
B.   Si in fretta prima delle sedici che ho un altro appuntamento
A.   Va bene! Non gli farò perdere molto tempo.
B.   Cos'è questa?
A.   Questa? La sala riunioni!
B.   Ha ragione, ma gli avevo detto che doveva essere per venti persone.
A.   Mi scusi, P ho dimenticato.
B.   Nessun problema, siamo qui per parlare.

A.   Infatti, mi dica cos' altro devo cambiare.

B.   Il resto va tutto bene.

A.   Ok!

B.   Quindi?

A.   Farò queste modifiche e ci sentiamo la prossima settimana.

B.   Io gli farò sapere per quante persone serve la mensa.

A.   Si è importante

B.   A presto, e buon lavoro

A.   Grazie buon lavoro anche a lei.

Domande: 5.   Dove sono i due signori?

                    6.   Che cos'ha alle sedici il signor Silvio?

                    7.   Per quante persone doveva essere la sala riunioni?

                    8.   Che cosa deve fare il signor Silvio dall'architetto?

Dialogo 3 —A casa una sorpresa inaspettata!

A.   Buona sera papà.

B.   Ah! eccoti qua.

A.   Mi sembri strano, che è successo?

B.   Tutto a posto cara, niente di grave, sono venuti due ladri!

A.   Cosa? sono venuti i ladri!

B.   Si, è successo durante il pomeriggio quando sono andato a giocare a tennis.

A.   Dio mio! che cosa hanno preso?

B.   Purtroppo tutti i gioielli di tua madre.

A.   Tutti! i suoi gioielli.

B.   Sono cose che succedono. La polizia mi ha detto che anche da noi i furti non mancano.

A.   Siamo assicurati?

B.   Si, meno male. A. Che miracolo!

Domande: 9. Come sembra il papà?

                    10. Chi è venuto in casa?

                    11. Che cosa manca?

                    12. Che cosa ha detto la polizia?

DIRECTIONS: You will now listen to several selections. Each selection will be followed by a series of questions based on content. During the pause, select the best answer to each question from among the four choices printed in your test booklet, and piace your answer on the line at the right.

SELECTION NUMBER 1

NOW GET READY TO LISTEN TO THE FIRST SELECTION

ITALIANI NEGLI STATES

Oggi, i cittadini americani che hanno un cognome italiano sono circa venti milioni, non più suonatori di fisarmonica all'angolo della strada, non più benzinai o minatori. Ora sono registi, attori, artisti e perfino presidenti. E vengono da ogni parte del paese, dall' abbruzzese Madonna al calabrese Martin Scorsese, al pugliese Rodolfo Valentino.

Che musica e che voce quella di Frank Sinatra! A vent anni Frank aveva due passioni: la boxe e la big band. Forse non sapeva suonare, ma aveva un soun System con altoparlante e microfono, regalatogli dalla madre che usò come ricatto per entrare in un gruppo.

Anche Lisa Minelli, nata nel 1946 da padre calabrese venne molte volte in Italia, attirata dalle riprese d i un film, ma attratta dal paesaggio e dal clima.

"L'Italia e' un paese meraviglioso in casa mia da piccolo ne sentivo parlare tutte le sere" dichiara Jon Bon Jovi il cui vero noime è Giovanni Bongiovanni, ama il cibo la gente la storia tutto oi quasi quello che è italiano.

Domande: 13. Che lavoro facevano Gli italo-americani nel passato?
             14. Di cosa era appassionato Frank Sinatra da giovane?
             15. Da cosa fu attratta Lisa Minelli?
             16. Cosa in particolare ama Bon Jovi?

SELECTION NUMBER 2

NOW GET READY TO LISTEN TO THE SECOND SELECTION

Il calcio in Italia

Il calcio in litalia è lo sport più praticato e più amato. Si inizia a giocare a calcio sin da bambini, per strada la porta del garage diventa una porta di calcio, ogni luogo pubblico, ogni piazza diventa per i bambini, il miglior campo per giocare ogni giorno.

Tutti i bambini cominciano a giocare in qualche squadra di calcio, ma non tutti riescono ad andare avanti, bisogna allenarsi e non arrendersi mai, solo quelli più bravi e tenaci giocano a calcio in una squadra ufficiale, facendo tanti sacrifici per vedere il pallone entrare nella rete e gridare gool.

Chi non riesce a giocare rimane sempre un grande tifoso e ogni domenica, anche se piove, va allo stadio per vedere la sua squadra del cuore e gridare gool quando la sua squadra vince, non sempre va tutto bene, ma il vero tifoso rimane legato alla propria squadra senza però perdere il senso civico e il rispetto dell'avversario.

Domande: 17. Dove si inizia a giocare a calcio?
            18. Cosa diventa il miglior campo per i bambini?
            19. Quanti bambini cominciano a giocare in una squadra?
            20. Che giorno della settimana si va allo stadio?
            21. Per quale motivo gli italiani vanno allo stadio?

SELECTION NUMBER 3

NOW GET READY TO LISTEN TO THE THIRD SELECTION

Un intervista.
Un giornalista intervista una giovane coppia di Palermo. Lei è una pittrice lui è un cantautore:

G.:   Come passate una tipica giornata?
Lei: Mi sveglio alle sette, corro per mezz'ora, mi faccio la doccia, mi vesto veloce-
        mente mentre prendo un caffè e verso le nove comincio a dipingere. Una volta alla
        settimana vado a scuola di immagine.
G.:   Anche lei è cosi dinamico?
Lui: Per carità, io la mattina mi sveglio tardi, mi lavo mi metto i jeans e una maglietta e
        vado nel mio studio dove passo tutta la mia giornata, e ogni tanto la sera vado a gio-
        care a tennis.
G. :   E la sera cosa vi piace fare?
Lei: Io vorrei uscire, ma lui preferisce rimanere a casa.
Lui: È vero. La sera finalmente io posso rilassarmi e ascoltare musica sul mio divano.
G. :   Con gusti così diversi non litigate mai?
Lei: No perché ci amiamo.
Lui: Si è proprio così!

Domande: 22. A che ora si svegliano i due italiani?
            23. Cosa fa lei una volta alla settimana?
            24. Lui è una persona dinamica? cosa fa ogni tanto la sera?
            25. Cosa vorrebbe fare lei di sera?

SELECTION NUMBER 4

NOW GET READY TO LISTEN TO THE FOURTH SELECTION

Scaloppine ai funghi
Dosi per 6 persone:

700 g di girello di vitello
farina
300 g funghi (vanno bene anche i surgelati) 3 cucchiai di burro
2/3 cucchiai di brodo di dado
1/2 bicchiere di vino bianco secco
200 ml panna
sale e pepe
prezzemolo tritato q.b.

Tagliate il vitello a fette sottili di circa 2 cm. e spianatele con l'aiuto del batticarne. Per facilitare questa operazione vi consiglio di avere vicino una ciotola con dell'acqua in cui immergere il batticarne prima di battere le fette. Infarinate le fettine e a fuoco vivo fatele rosolare nel burro da entrambi i lati. Trasferite le fettine cotte su un piatto, tenetele al caldo e continuate così fin quando non avrete finito di cuocere tutta la carne e, se necessario, aggiungete nella padella altro burro.

Se usate i funghi surgelati, fateli saltare in padella con un pò di olio fino a quando saranno cotti aggiungendo a metà cottura il vino bianco secco e per ultima la panna. Se invece usate quelli freschi puliteli bene, tagliateli a pezzetti e fateli saltare in padella in un pò di olio. Dopo qualche minuto aggiungete il vino bianco secco e fate cuocere i funghi per 1/4 d'ora circa. Per ultima aggiungete la panna, il sale, il pepe e fate cuocere a fuoco lentissimo per 5 minuti circa. Rimettete ora le scaloppine nella padella dei funghi e finite di cuocerle facendole saltare in modo che si amalgamino bene coi funghi. Se vedete che il sugo è troppo denso non fate altro che aggiungere qualche cucchiaiata di brodo.

Domande: 26. Per quante persone e la ricetta?
                27. Che tipo di vimo si usa?
                28. Cometagliare il vitello
                29. Cosa fare se vedete che il sugo è troppo denso?

SELECTION NUMBER 5

NOW GET READY TO LISTEN TO THE FIFTH SELECTION

Un pranzo in piazza

Basilio: Bello questo posto. In questa piazza mi sento a casa mia.

Ambra: Anch'io, forse perché i vecchietti qui mi ricordano i miei nonni, che vengono da un piccolo paese, Capo d'Orlando.

Basilio: Non sapevo che tu fossi di origine italiana, non hai l'aria italiana così alta e bionda. Ambra: Come se tutti gli italiani fossero scuri! Come te.

Basilio: Io sono quasi italiano, i miei genitori sono venuti qua in America due anni prima che io nascessi. Parlo benissimo l'italiano e sono orgoglioso di esserlo.

Ambra: Invece io sono Italo-Americana di seconda generazione. I miei nonni mi hanno raccontato che negli anni venti non c'era abbastanza lavoro per sfamare una famiglia intera. Cosi'hanno tentato la fortuna, mio nonno era muratore.

Basilio: È vero in quegl'anni c'era bisogno di manodopera qui.

Ambra: Ammiro il loro coraggio, io non so se sarei riuscita a lasciare tutto per un paese con lingua e tradizioni così diverse.

Basilio: Brindiamo alle nostre origini!

Ambra: Cin Cin!

Domande: 30. Cosa stanno facendo i due ragazzi?
31. Di quale paese è originaria Ambra?
32. Quando si sono trasferiti i genitori di Basilio in America?
33. Quando si sono trasferiti i nonni di Ambra?
34. Che lavoro faceva il nonno di Ambra?

SELECTIQN NUMBER 6

NOW GET READY TO LISTEN TO THE SIXTH SELECTION

Parco dell'Etna

Suoni, profumi e colori attorno al grande vulcano

La bellezza del Parco dell'Etna non sta soltanto nella grandiosità delle eruzioni e nelle colate di lava incandescente. Attorno al grande vulcano si estende un ambiente unico e impareggiabile, ricco di suoni, profumi e colori. Un comprensorio dal paesaggio incantevole, protetto da un parco naturale che chiunque si trovi in Sicilia non può mancare di visitare. Il territorio del Parco dell'Etna, che si estende dalla vetta del vulcano sino alla cintura superiore dei paesi etnei, è stato diviso in quattro zone a diverso grado di protezione: zone A, B, C e D.

Domande: 35. Che ambiente si estende attorno al vulcano?
36. Dove si estende il parco dell'etna?
37. In quante zone e stato diviso il parco?

SELECTION NUMBER 7

NOW GET READY TO LISTEN TO THE SEVENTH SELECTION

Venezia: palcoscenico di grandi feste

Venezia, con le sue eleganti piazze i suoi monumenti di stile orientale, è un palcoscenico ideale per le feste di ogni tipo. Qui, ogni anno, si celebra il Carnevale in Piazza San marco, davanti alla basilica di San Marco, con le sue cinque cupole d'orate. I suoi mosaici e colonne di marmi pre-ziosi, i suoi famosi cavalli di bronzo. Per questa festa la gente si veste con i costumi tradizionali veneziani della **commedia dell'arte**, o con vesti del settecento. Alcune famiglie partecipano alla sfilata con meravigliosi costumi, che appartengono alla famigliada molte generazioni. Vene-zia è anche un centro d'arte e di musica. Cosi Venezia continua ad essere la meta preferita di molti turisti.

Domande: 38. Come si chiamam la festa che si celebra ogni anno a Venezia?
39. Come si veste la gernte per carnevale?
40. Che tipo di centro e Venezia?

ITALIAN LANGUAGE SCRIPT
SECTION II-PART C

Directions for speaking will be given to you by a master tape. You will be asked to speak in a variety of ways, and to record your voice. Follow carefully the directions for stopping and starting your tape recorder. At the end of the examination you should be sure to verify that your voice has been recorded.

(Announcer)

This is the speaking part of the Italian Language Examination. Your spoken responses to questions or statements will be recorded. Your score will be based on what is on the tape. It is important, therefore, that you speak loudly enough for the machine to record what you say. You will be asked to start and stop your recorder at various points in the test. In each case, you will be told when to turn your machine to the "Record" position and when to turn it off.

Follow the directions and record only when told to do so. You will now hear a number of recorded instructions that you should follow. The statements or questions you will hear are not printed in your booklet Each question or statement will be spoken twice. After the sound of the tone, you will have 20 seconds to respond in Italian. A second tone will sound after 20 seconds have elapsed. Always wait until you hear the tone signal before you speak. Answer each question fully; your ability to express yourself fluently and correctly will be the main basis for your score.

Now you will hear a sample question, spoken twice, typical of the questions you will be asked. Try to answer it. Your answer to this question will not be recorded or scored. Here is the sample question:

(Speaker)

Cosa? non sai come mi chiamo?
Cosa? non sai come mi chiamo?

(Announcer)

You will be scored on the next five (5) questions or statements. The quality as well as the quantity of your response will affect your grade. Credit will be deducted if the answer is too short, you should therefore use all the available time. Turn the recorder to the "Record" position and start the tape.

Numero 1.   Perché sei cosi arrabbiato che cosa è successo?
             Perché sei cosi arrabbiato che cosa è successo?

             Tone (20 seconds) - Tone

Numero 2.   Cosa? hai perduto la tua patente! come farai a guidare?
             Cosa? hai perduto la tua patente! come farai a guidare?

             Tone (20 seconds) - Tone

Numero 3.   In quale ristorante pensi di far cena stasera? Perché li?
             In quale ristorante pensi di far cena stasera? Perché li?

             Tone (20 seconds) - Tone

Numero 4.   Per quanto tempo pensi di visitare la tua famiglia in Canada?
                    Per quanto tempo pensi di visitare la tua famiglia in Canada?

                    Tone (20 seconds) - Tone

Numero 5.   Cosa? vuoi comprare una Motocicletta nuova! Perché?
                    Cosa? vuoi comprare una Motocicletta nuova! Perché?

                    Tone (20 seconds) - Tone

You will now be asked to speak in Italian about the pictures you see. You will have two minutes to look at and think about all the pictures in which to relate the sequence of events depicted. Be sure to consider each of the six pictures. No tone will sound between each frame; move directly from one picture to the next in the following sequence - left to right, top to bottoni. You will be scored on the appropriateness, grammatical accuracy, range of vocabulary, pronunciation, and fluency of your response. Address each picture. The length of your response and the number of pictures addressed will affect your score. Do not start your tape recorder until you are told to do so.

(Announcer)
Begin to look at and think about the pictures. (2 minutes) Now turn your tape recorder to the "Record" position and start the tape moving through the machine. (6 seconds) You will have a total of two minutes to relate the sequence of events in all of the six pictures. When you have finished speaking, please indicate in either English or Italian the fact that you have finished and give your AP number. Begin as soon as you hear the tone signal. Tone (2 minutes)

Stop your tape recorder. This is the end of the Advanced Placement Italian Language Examination. Close your booklet At the tone signal, begin to rewind the tape. Tone (10 seconds). Stop your recorder even though the tape is not completely rewound. (6 seconds) You should listen to your tape to make sure that your voice has been recorded. In the event that your voice was not recorded, raise your hand and the supervisor will help you. Now turn your tape recorder to the "Play" position and start the tape moving through the machine. (20 seconds) Stop your tape recorder. If your voice was not recorded, raise your hand and the supervisor will help you. Now rewind your tape completely. (10 seconds) Remove your tape from the machine and wait for further instructions. (5 seconds)

END OF RECORDING

EXAMINATION SECTION

ITALIAN LANGUAGE

Approximately three hours are allotted for this examination: 1 hour and 30 minutes for Section I, which consists of multiple-choice questions that assess listening and reading comprehension; and approximately 1 hour and 25 minutes for Section II, which consists of writing, cultural knowledge and speaking.

The use of dictionaries is not permitted during the examination.

SECTION I
Time - 1 hour and 30 minutes
Percent of total grade - 40

Part A: Time - Approximately 35 minutes: listening comprehension questions to test ability to understand spoken Italian
Part B: Suggested time - 55 minutes: passages with questions to test reading comprehension

If you have time remaining at the end, you may check your work on any part of Section I.

General Instructions

INDICATE ALL YOUR ANSWERS TO QUESTIONS IN SECTION I ON THE SEPARATE ANSWER SHEET. No credit will be given for anything written in this examination booklet, but you may use the booklet for notes or scratchwork. After you have decided which of the suggested answers is best, COMPLETELY fill in the corresponding oval on the answer sheet. Give only one answer to each question. If you change an answer, be sure that the previous mark is erased completely.

Many candidates wonder whether or not to guess the answers to questions about which they are not certain. In this section of the examination, as a correction for haphazard guessing, one-third of the number of questions you answer incorrectly will be subtracted from the number of questions you answer correctly. It is improbable, therefore, that mere guessing will improve your score significantly; it may even lower your score, and it does take time. If, however, you are not sure of the correct answer but have some knowledge of the question and are able to eliminate one or more of the answer choices as wrong, your chance of getting the right answer is improved, and it may be to your advantage to answer such a question.

Use your time effectively, working as rapidly as you can without losing accuracy. Do not spend too much time on questions that are too difficult. Go on to other questions and come back to thè difficult ones later if you have time. It is not expected that everyone will be able to answer ali thè multiple-choice questions.

ITALIAN LANGUAGE
SECTION I
Time - 1 hour and 30 minutes
PART A
Time - Approximately 35 minutes

DIRECTIONS: Por each question in this part, you will hear a brief exchange between two people. Proni the four choices in your test booklet, choose the appropriate answer.

DIALOGUE 1: *Dalla parrucchiera*

1.   A.   Dal barbiere   1._____
     B.   Dalla parrucchiera
     C.   A casa
     D.   In una scuola di taglio

2.   A.   Un taglio, shampoo e colore   2._____
     B.   Un taglio
     C.   Vuole sapere il prezzo
     D.   Uno shampoo

3.   A.   Nero   3._____
     B.   Castano
     C.   Rosso
     D.   Biondo

4.   A.   No   4._____
     B.   Un pò
     C.   Non lo so
     D.   Si è rimasta felicissima

DIALOGUE 2: *Dalla fioraia*

5.   A.   Una dozzina di rose gialle   5._____
     B.   Delle violette
     C.   Le orchidee
     D.   Informazioni sul negozio

6.   A.   A New York   6._____
     B.   Al suo ufficio
     C.   A Parigi
     D.   A suo marito

7.   A.   A sua madre   7._____
     B.   A sua figlia
     C.   Ad un'amica
     D.   Sono per lei

8.   A.   Denaro   8._____
     B.   La sua carta di credito
     C.   Un assegno
     D.   Ha chiesto se può pagare dopo

DIALOGUE 3: *Al ristorante*

9. A. Davanti alla porta
   B. Di fianco alla finestra
   C. Vicino al muro
   D. Al centro della sala

9._____

10. A. I funghi imbottiti
    B. I salumi misti
    C. Insalata di pesce misto
    D. Spiedini di carne

10._____

11. A. Ghiaccio
    B. Una fettina di limone
    C. Bicchiere
    D. Vino

11._____

12. A. Perché non ha molta fame
    B. Non ha molto tempo
    C. Tornerà per cena
    D. Deve stare attenta alla dieta

12._____

DIRECTIONS: You will now listen to several selections. Each selection will be followed by a series of spoken questions based on content. During the pause, select the best answer to each question from among the four choices printed in your test booklet, and piace your answer on the line at the right.

SELECTION NUMBER 1

NOW GEI READY TO LISTEN TO THE FIRST SELECTION

13. A. Aveva incominciato a piovere
    B. Il ciclo si è fatto buio
    C. Il vento è incominciato a soffiare
    D. È uscito il sole

13._____

14. A. Tante pistole
    B. Tanti soldati
    C. Spezzoni di tubo
    D. Molti cani

14._____

15. A. Avvocato
    B. Falegname
    C. Povero
    D. Straniero

15._____

16. A. La sua intera famiglia
    B. Un suo amico
    C. Il padre di Tischler
    D. Nessuno

16._____

SELECTION NUMBER 2

NOW GET READY TO LISTEN TO THE SECOND SELECTION

17. A. Poco dopo la Liberazione
     B. Nel 1943
     C. Durante la guerra
     D. Poco tempo fa

17._____

18. A. Da pezzi di fero
     B. Da uomini con cavalli
     C. Da muri di cemento
     D. Da travature di legno

18._____

19. A. Celebrazioni
     B. Bombe
     C. Le liti
     D. Storie di guerra

19._____

20. A. L'ironia
     B. La sporchizia
     C. Il rumore
     D. Le buggie

20._____

21. A. I comici del tempo
     B. I racconti del nonno
     C. Molti dialetti italiani
     D. Nessuno

21._____

SELECTION NUMBER 3

NOW GET READY TO LISTEN TO THE THIRD SELECTION

22. A. Affetto
     B. Interesse alla cucina
     C. Curiosità
     D. Buon cuore

22._____

23. A. Il padre
     B. Un amico
     C. Il sacerdote
     D. Il marchese

23._____

24. A. Un cavallo
     B. Un caffè e una pasta
     C. Un chilo di pane
     D. Del vino bianco

24._____

25. A. Celesti
     B. Grandi
     C. Piccoli
     D. Pieni di bontà

25._____

SELECTION NUMBER 4

NOW GET READY TO LISTEN TO THE FOURTH SELECTION

26.   A.   A casa
     B.   In un angolo della piazza
     C.   Per strada
     D.   In un campo di grano
                     26._____

27.   A.   Lo colpi con una coltellata
     B.   Gli rubò il denaro
     C.   Ha chiesto aiuto
     D.   Voleva venire con lui
                     27._____

28.   A.   Dove si trova la sua famiglia
     B.   Che giorno è
     C.   Chi ha mandato il ragazzo
     D.   Dove può comprare del caffè
                     28._____

29.   A.   Un passante
     B.   Una donna
     C.   Un gruppo di bambini
     D.   Nessuno
                     29._____

SELECTION NUMBER 5

NOW GEI READY TO LISTEN TO THE FIFTH SELECTION

30.   A.   In Liguria
     B.   Nella bassa veronese
     C.   A Firenze
     D.   Nel meridione
                     30._____

31.   A.   Un luogo raccolto e curatissimo
     B.   Bello
     C.   Elegante
     D.   Sporco
                     31._____

32.   A.   Una bistecca
     B.   Una fettina di pollo
     C.   Dei gamberi
     D.   Una sublima porchetta
                     32._____

33.   A.   Il momento del dolce
     B.   Il buon vino
     C.   La carne alla griglia
     D.   La pasta
                     33._____

SELECTION NUMBER 6

NOW GET READY TO LISTEN TO THE SIXTH SELECTION

34. A. Durante
     B. Dante
     C. Silvio
     D. Michelangelo

     34.___

35. A. Madonna
     B. Beata
     C. Beatrice
     D. Angela

     35.___

36. A. 1295
     B. All'inizio del '300
     C. 1488
     D. Non lo so

     36.___

37. A. Molti
     B. Pochi
     C. 3
     D. 1

     37.___

SELECTION NUMBER 7

NOW GET READY TO LISTEN TO THE SEVENTH SELECTION

38. A. Il maiale
     B. Il pollo
     C. La mucca
     D. L'anatra

     38.___

39. A. In un castello locale
     B. Presso il laboratorio Retrogusto
     C. A casa di una donna locale
     D. In un ristorante

     39.___

40. A. Una società di antica origine
     B. Dei cuochi regionali
     C. Alcune donne del luogo
     D. I padroni del castello

     40.___

ITALIAN LANGUAGE
SECTION I
PART B
Time - Approximately 55 minutes

DIRECTIONS: In each of the following paragraphs, there are numbered blanks indicating that words or phrases have been omitted. Por each numbered blank, four completions are provided. First read through the entire selection, then, for each numbered blank, choose the completion that is most appropriate and piace your answer on the line at the right.

Rimandi di sguardi: fotografia e costumi

"Terra misteriosa, ho___(41)___, e in verità___(42)___credo vi sia un___(43)___cantuccio d'Europa, il quale,___(44)___trovandosi circuito da___(45)___di piena civiltà, abbia tanta ombra sulle___(46)___della sua___(47)___e mantenga in cosi tipico___(48)___la singolarità del linguaggio e___(49)___vestiario."

41. A. credo   41.____
     B. penso
     C. visto
     D. detto

42. A. ci   42.____
     B. non
     C. se
     D. da

43. A. altro   43.____
     B. mio
     C. piccolo
     D. bel

44. A. in   44.____
     B. da
     C. pur
     D. qui

45. A. nazioni   45.____
     B. paesi
     C. regioni
     D. posti

46. A. forma   46.____
     B. origini
     C. nascita
     D. avi

47. A. popolo   47.____
     B. famiglia
     C. uomini
     D. genti

48. A. modo
    B. fare
    C. dire
    D. parlare

48._____

49. A. al
    B. nel
    C. del
    D. col

49._____

Goya ... Vivere l'arte ... l'arte del vivere

Cari lettori,
La quindicesima uscita del___(50)___periodico affronta la tematica "Arte e Musica." Si ___(51)___già___(52)___fiumi d'inchiostro sulla complementarità o incompatabilità delle ___(53)___figurative rispetto a quelle musicali; si___(54)___per esempio alla vexata quaestio sulla possibilità o meno di una "musica a programma," in grado di suggerire veri e propri "quadri." Noi di GOYA___(55)___voluto trasferire una simile riflessione all'attualità più recente, analizzando in questo numero del periodico lo sviluppo della simbiosi arte-musica negli ___ (56) ___ decenni.

50. A. nostro
    B. loro
    C. suo
    D. mio

50._____

51. A. erano
    B. cui
    C. sono
    D. è

51._____

52. A. scritti
    B. discussi
    C. letti
    D. copiati

52._____

53. A. regole
    B. arti
    C. discipline
    D. parole

53._____

54. A. pensi
    B. credo
    C. faccia
    D. dica

54._____

55. A. abbiamo
    B. possiamo
    C. dove
    D. poi

55._____

56. A. due
    B. mai
    C. ultimi
    D. primi

56.____

Quanto vale?

Vuoi conoscere **gratuitamente** il___(57)___di mercato dell'opera d'arte ___ (58) ___ possiedi?
ArsValue utilizzando **elaborazioni statistico-quantitative, applicate ai risultati delle aste italiane,** è in___(59)___di determinare una valutazione dell'opera che mira non già a stabilirne
l'autenticità od il valore artistico ed___(60)___(legato ad___(61)___ad un'opera eseguita in un
periodo particolarmente significativo___(62)___quell'artista) ma il ___ (63) ___ **medio del
mercato delle aste.**

57. A. prezzo
    B. valore
    C. nome
    D. ceffo

57.____

58. A. che
    B. di
    C. con
    D. per

58.____

59. A. pari
    B. potere
    C. caso
    D. grado

59.____

60. A. estetico
    B. caro
    C. bella
    D. brutto

60.____

61. A. poco
    B. esempio
    C. tale
    D. bene

61.____

62. A. nel
    B. col
    C. per
    D. dò

62.____

63. A. punto
    B. prezzo
    C. vale
    D. poco

63.____

DIRECTIONS: Read the following passages carefully for comprehension. Each passage is followed by a number of questions. Select the answer that is best according to the passage and fill in the corresponding oval on the answer sheet. There is no sample question for this part.

Passage 1
This selection was originally published in: **ArsValue.com**

STORIA DELL'ARTE

Acquarello

Pigmenti finemente macinati, stemperati con gomma arabica, diluiti in acqua, consentono una pittura di grandi trasparenze e luminosità. Tecnica antichissima, fu riportata in auge dai minatori medievali, ripresa nel Quattrocento da Durer e in area inglese nel Cinquecento da John White e a fine Settecento da Sandby, Blake, Girtin, Turner, Crome, Cox, deWint, e successivamente in epoca vittoriana. La tecnica, considerata difficile e raffinata, permette di ottenere caratteristici effetti atmosferici e di redigere rapidi e felici appunti di lavoro. Soltanto cinque i colori di base impiegati dagli acquarellisti inglesi; ocra gialla, terra di Siena bruciata, rosso chiaro, blu Monastral, nero d'avorio. Valenti anche la scuola americana del secondo Ottocento e, nel Novecento, quella inglese con Burra, Nash, Jones, tedesca con Klee negli anni della Bauhaus e americana con Ben Shahn. L'uso dell'acquerello per gli originali delle illustrazioni ne consenti anche la riproduzione a stampa col procedimento della mezzatinta. Il colore steso a velo, lasciato asciugare prima dell'apposizione del successivo, lascia scoperto in parte il bianco della carta per aumentare la luminosità dell'assieme. Le carte adatte sono di vario peso e grana. Quelle specifiche si distinguono in pressate a freddo, pressate a caldo, non pressate o ruvide. Ottime le carte a mano, ottenute da stracci di lino sbiancati non chimicamente o con sostanze neutre e apprettate con colla, e le carte di riso giapponesi. Le carte leggere devono essere tese previo bagno in acqua e sgocciolatura; le pesanti possono essere fissate a supporto rigido e impiegate senza trattamenti. Della vasta gamma di colori oggi disponibili i professionisti non ne impiegano più di una dozzina. I pennelli d'elezione sono quelli di martora. È preferibile usare acqua distillata.

64. In che cosa vengono diluiti gli acquerelli?   64._____

    A. In acqua
    B. Con l'olio di resina
    C. Nafta
    D. Non so

65. Com'è considerata la tecnica?   65._____

    A. Facile
    B. Difficile
    C. Difficile e raffinata
    D. Di poco valore

66. Quanti colori usavano gli acquarellisti inglesi?   66._____

    A. Molti
    B. Pochi
    C. Tutti
    D. Cinque

67. Come sono le carte usate?   67.____

    A. Di vario perso e grana
    B. Di lino
    C. Ruvide
    D. Scure

68. Quanti colori impiegano oggi i professionisti?   68.____

    A. Cinque
    B. Non più di una dozzina
    C. Venti
    D. Non lo so

69. Quali sono i pennelli usati?   69.____

    A. Quelli di pelo
    B. Quelli sintetici
    C. Pelo di coniglio
    D. Quelli di martora

Passage 2

This selection was originally published in: **Cronologia.it**

TERRORISMO ISLAMICO VISTO DAGLI OCCIDENTALI
by: Giovanni De Sio Cesari

IL PROBLEMA

I pareri e le interpretazioni sugli attuali avvenimenti connessi al "terrorismo islamico" e all'intervento militare americano in **Medio Oriente** sono moltissime in tutto l'**Occidente**. Praticamente ciascuno osservatore (e non osservatore) ha una sua opinione, come d'altronde è naturale che sia su un argomento tanto complesso e coinvolgente. Tuttavia, malgrado la diversità pressocchè infinita delle posizioni tutte comunque tendono a polarizzarsi in due precise direzioni. La prima polarizzazione si ha intorno al concetto che il "cosi detto terrorismo islamico" è essenzialmente un pretesto colto dagli Americani per portate avanti una politica che mira a interessi di potenza, economici, anche ad affari privati. Una seconda polarizzazione si ha invece intorno al concetto che gli Americani stanno combattendo una guerra difensiva contro una minaccia potenzialmente distruttiva e globale costituita dal terrorismo.

Nell'ambito di ciascuna delle polarizzazioni sono possibili infine variazioni e gradazioni; tuttavia fra le due polarizzazioni è estremamente difficile trovare una posizione mediana di sintesi se non, forse, a livello pratico, operativo. Ci troviamo cioè di fronte a una di quelle situazioni storiche in cui due concezioni, due universi mentali inconciliabili si trovano al confronto. Cosi è avvenuto fra liberalesimo e Reazione nella prima metà dell'800 o fra comunismo e democrazia borghese nella prima metà del secolo successivo; si poteva essere liberale o reazionario, comunista o democratico non l'uno e l'altro insieme. La profonda differenza però stà che poi in effetti la distinzione delle due diverse posizioni sugli avvenimenti legati al terrorismo non prefigurano affatto due diverse società come avveniva per i movimenti ricordati; in realtà nessuno mette in dubbio le istituzioni parlamentari, o il laicismo, nessuno sopratutto, fra gli **Occidentali,** condivide neppure un pò i fini e gli ideali di **al-Qaeda.**

In questa sede noi cercheremo di presentare con la maggiore oggettività possibile, gli elementi essenziali delle due polarizzazioni senza alcuna intenzione di manifestare preferenze parere sulla validità della prospettiva occidentale.

70. Di che cosa parla l'articolo?　　　　　　　　　　　　　　　　　70.____

    A. Terrorismo Islamico
    B. L'America
    C. La storia
    D. Il mondo

71. Quanti sono i pareri sul soggetto?　　　　　　　　　　　　　　71.____

    A. Pochi
    B. Sono moltissimi
    C. Diversi
    D. Odiosi

72. Fondamentalmente quante sono le polarizzazioni secondo l'autore?　　72.____

    A. Centinaia
    B. A migliaia
    C. Due
    D. Non lo so

73. Qual'è il parallelo storico fatto della prima metà dell' 800?　　　73.____

    A. Liberalesimo e Reazione
    B. Comunismo e Democrazia
    C. Parlamentare o Laicismo
    D. Buoni e Cattivi

74. Gli Occidentali condividono i fini di al-Qaeda?　　　　　　　　74.____

    A. No
    B. Si
    C. Mai
    D. Nessuno

Passage 3
This selection was originally published in: **Corriere del 2000 - Cronologia.it**

DESTRA E SINISTRA

Nei primi decenni dell'Italia unita, il **Parlamento** fu diviso in due grossi schieramenti: **Destra e Sinistra.** Questi nomi definivano due diverse correnti che in momenti diversi avevano assunto denominazioni diverse: moderati, monarchici, liberali o cavouriani, gli uni, democratici, repubblicani, mazziniani e garibaldini, gli altri.

Gli uomini della **Destra** erano i "moderati", espressione della cultura borghese e quindi delle classi più elevate seguaci delle idee politiche di **Cavour,** di cui intendevano continuare l'opera seguendone i metodi e lo spirito decisamente liberale e monarchico. Si trattava di un ceto politico omogeneo e compatto, composto da una stretta elite, "espressione di una società dominata dalla proprietà terriera e, in subordine dalla banca" (G.P.Carocci), con una limitata rappresentanza di industriali tessili del nord. Ne facevano parte uomini come Urbano Rattazzi e Alfonso La Mormora, già protagonisti del connubio cavouriano; imprenditori come Quintino Sella e Giovanni Lanza (tutti piemontesi); i moderati toscani, che nel 1859 avevano svolto un ruolo decisivo nel determinare l'annessione del Piemonte (in primo luogo Dettino Ricasoli soprannominato il "barone di ferro"); infine i moderati emiliani Marco Minghetti e Luigi Farini. Il loro modello di gestione del potere si fondava su una base di rappresentanza estremamente ristretta e su un sistema elettorale che ammetteva al diritto di voto meno del 2% della popolazione, cioè solo l'aristocrazia del censo, del sapere e delle alte cariche pubbliche.

Esso escludeva dalla vita politica la stragrande maggioranza dei cittadini e affidava alla classe politica un notevole potere di decisione e di governo, oltre a garantire una particolare stabilità grazie alla quasi assoluta omogeneità tra elettori e rappresentanti sia sul piano della composizione sociale sia su quello degli interessi e delle opinioni. In queste condizioni l'esercizio di un governo forte poteva essere conciliato con un moderato liberalismo, cioè col sopravvivere del regime parlamentare, evitando il ritorno della monarchia costituzionale e il primario del re sul parlamento. In politica economica essi erano rigorosamente liberisti in materia doganale, mentre caldeggiavano un relativa ingerenza dello stato nelle decisioni economiche e nel controllo delle strutture essenziali come leferrovie e le banche, al fine di accellerare la formazione di un mercato unificato.

Gli uomini della **Sinistra**, tutti di tendenze progressiste, provenivano invece dalle file dei **mazziniani e dei garibaldini**, erano espressione della cultura democratica e per tanto ogni loro atteggiamento risentiva di uno spirito vivace e battagliero.

75. Su che cosa è basato questo articolo?   75.____

    A. La nascita di due ideologie politiche
    B. La guerra di indipendenza
    C. La storia
    D. L'arte dell'ottocento

76. Com'erano considerati gli uomini di **Destra?**   76.____

    A. Liberali
    B. Moderati
    C. Monarchici
    D. Cavouriani

77. Gli uomini di **Destra** seguivano le idee politiche di chi?   77.____

    A. Garibaldi
    B. Mazzini
    C. Cavour
    D. La monarchia

78. Cosa faceva Quintino Sella?   78.____

    A. Il medico
    B. L'imprenditore
    C. Il contabile
    D. Il contadino

79. Chi avrebbe escluso il primo sistema elettorale proposto dalla **Destra?**   79.____

    A. Le donne
    B. I vecchi
    C. I giovani
    D. La stragrande maggioranza dei cittadini

80. Com'erano gli uomini della **Sinistra?**   80.____

    A. Di tendenze progressiste
    B. Seguaci di Mazzini
    C. Di spirito vivave
    D. Parte della cultura democratica

Passage 4
This selection was originally published in: *Fedele - by Antonio Fogazzaro*

UN'IDEA DI ERMES TORRANZA

Il professore Farsatti di Padova, lo stesso ch'ebbe con M.r Nisard la famosa polemica sui *fabulaeque Manes* di Grazio, soleva dire di Monte San Dona; "Cossa vorlà? Poesia franzese!" Il solitario palazzo, il vecchio giardino dei San Dona gli erano poco meno antipatici di "monsiù Nizarde" sin dall'autunno del 1846, quando vi era stato invitato dai nobili padroni a mangiare i tordi, e fra questi gli si erano imbanditi degli stornelli. Dal viale d'entrata, con i suoi ippocastani tagliate a dadò al labirinto, ai giouchi d'acqua, alla lunga scalinata che sale il colle; dalla base all'attico pesante del *palazzo*, l'eccellente professore trovava tutto pretenzioso e meschino, artificioso e prosaico. "Cossa vorlà? Poesia franzese!"

Al tempo degli stornelli, forse, sarà stato così. Il professore non ha più voluto rivedere Monte San Dona e dorme profondamente da parecchi anni nel suo campo di battaglia, come possono ben dirsi:

    ....Nox fabulaeque Manes
    Et domus exilis Plutonia.

Adesso la famiglia San Donà , che ha vissuto con un certo fasto sino al 1848 , pratica rigidamente, sotto l'impero del nobile sior Beneto, la economia di cui qualche indizio apparve sino dal 1846. Per il sior Beneto non esiste poesia francese né italiana; e, sulla collina, il giardino, lasciato pressoché interamente in balia delle proprie passioni, ha sciupato le fredde eleganze, ha preso, fra i vigneti blandi degli altri colli, un aspetto selvaggio, vigoroso, che gli sta molto bene in quel senso solitario degli Euganei. Al piano il labirinto fu messo a prato; i tubi dei giucchi d'acqua son tutti guasti agl'ippocastani il sior Beneto ha sostituito due filari di gelsi. Voleva abbattere con lo stesso scopo scientifico i pioppi secolari del viale pomposo che da Monte San Dona mette ad un'umile stradicciuola comunale; ma la signorina Bianca li difese con passione e lagrime contro l'acuto argomento di papa "bezzi, bezzi". Quando, nell'aprile del 1875 Bianca sposò il signor Emilio Squarcina di Padova, chiese ed ebbe in dono dal padre la promessa di lasciar in pace i cari pioppi che l'avean tante volte veduta correre e saltare, prima del colleggio, con le sue rustiche amiche, e più tardi leggere *Rob Roy, Waverley* e *Ivanhoe,* tre poveri vecchi libri della sottile biblioteca di casa, tre poveri vecchi libri immortali che ora aspettavano sul loro scaffale altre cupide mani, altri ardenti cuori inesperti della nostra grande arte moderna.

81. Con chi ebbe una polemica il professore Farsatti?   81.____

    A. M.r Nisard
    B. Bianca
    C. Sior Beneto
    D. Nessuno

82. Che cosa diceva di Monte San Donà ?   82.____

    A. Che non le piaceva
    B. Cossa vorlà? Poesia franzese!
    C. Che era un favorito
    D. Che era bello

83. Chi ha invitato il professore a mangiare i tordi?   83.____

    A. La famiglia San Donà
    B. Un vecchio amico
    C. Grazio
    D. M.r Nisard

84. Che cosa non esiste per il sior Beneto?   84.____

    A. La buona volontà
    B. La gioia di vivere
    C. La poesia
    D. La speranza

85. Che cosa ha difeso con passione Bianca?   85.____

    A. I filari di gelsi
    B. I pioppi
    C. I vigneti
    D. Il Signor Emilo Squarcina

Passage 5
This selection was originally published in: **Racconti Romani - by Alberto Moravia**

LA CONCORRENZA

Dicono che la concorrenza è l'anima del commercio. Almeno, quando ero ragazzine, cosi mi assicurava mio nonno che, poveretto, per via della concorrenza era fallito due volte con una sua botteguccia di cocci e vetri. Lui la spiegava in questo modo, la legge della concorrenza; "E' una legge di ferro, nessuno può sperare di sfuggirci...poniamo che io metta su in via dell'Anima un negozio, appunto di stoviglie, come sarebbe a dire piatti, scodelle, tazze, bicchieri.....poco più giù, nella stessa strada, un altro mette su un negozio eguale.... lui mi fa la concorrenza, ossia vende le stesse stoviglie ad un prezzo minore del mio.... la clientela passa a lui e io fallisco....questa è la legge della concorrenza." "Ma nonno," io rispondevo, "se tu fallisci, noialtri moriamo di fame." "Si capisce," rispondeva lui trionfante; "voi vi morite di fame, ma il compratore si avvantaggia." "E a me che ne importa del compratore?" "A chi lo dici.... figurati a me...se dipendesse da me lo vorrei vedere scannato... ma, appunto, questo è il bello della legge della concorrenza; ti costringe a fare il vantaggio del compratore anche se non lo vuoi." Io concludevo: "Sarà, ma se qualcuno si mette in testa di farmi fallire, proprio apposta, io gli faccio due occhi grandi cosi." "Perché sei manesco e prepotente," rispondeva il nonno, "ma nel commercio la prepotenza non vale... ti mettono dentro e tu fallisci prima; ecco tutto... nel commercio non vale che la concorrenza.

Basta, anni dopo dovevo ricordarmelo questo ragionamento sulla concorrenza. Anch'io mi ero messo nel commercio, benché più modestamente del nonno perché, nel frattempo, la famiglia era andata giù; mio padre era morto e mio nonno, mezzo paralizzato, non poteva più commerciare né fallire e stava tutto il giorno a letto. Avevo dunque ottenuto la licenza di venditore ambulante per un carrettino pieno di tutto un pò: olive dolci, arance, castagne secche, fichi secchi, mandarini, noci, noccioline americane e altra roba simile. Con questo carrettino, mi scelsi per luogo l'imboccatura del ponte che sta di fronte al traforo del Gianicolo. È un luogo frequentato, ci capitano tutti quelli che vanno e vengono da Madonna del Riposo e in genere gli abitanti di Trastevere e di Monteverde che debbono passare per corso Vittorio. Avevo calcolato bene il luogo e infatti, subito, le cose mi andarono bene. Era primavera; con le prime giornate calde, di buon mattino io mi mettevo a capo del ponte con il carrettino colmo e la sera me ne andavo che sul carrettino non erano rimasti che i cartelli dei *prezzi* e il copertone di incerato. La domenica, poi, con tutto quel traffico di gente che va a spasso fuori porta, avessi avuto due carrettini, non sarebbero bastati. Il commercio, insomma, prosperava; e lo dissi al nonno. Ma lui, ostinato nelle sue idee, rispose: "Per ora non si può dire....non hai la concorrenza e vendi come ti pare....aspetta." Aveva ragione. Una mattina, ecco che un carrettino in tutto simile al mio venne a mettersi a metà del ponte. Erano in due a vendere, due donne, madre e figlia.

86. Che cosa dicono della concorrenza?   86._____

    A. Che è l'anima del commercio
    B. Che è una brutta cosa
    C. Che c'è sempre stata
    D. Non dicono niente

87. Che tipo di negozio aveva il nonno?   87._____

    A. Abbigliamento
    B. Di carne
    C. Una pasticceria
    D. Cocci e vetri

88. Com'è la legge della concorrenza secondo il nonno?   88._____

    A. Di ferro
    B. Giusta
    C. Ignobile
    D. Uguale per tutti

89. Come descrive il nonno il nipote?

    A. Furbo
    B. Bello
    C. Manesco e prepotente
    D. Il suo preferito

89.____

90. Che licenza ha ottenuto l'autore?

    A. Venditore ambulante
    B. Autista
    C. Barbiere
    D. Maestro

90.____

ITALIAN LANGUAGE
SECTION II
Time - 1 hour and 25 minutes
Percent of total grade - 60

Part A: Time - 40 minutes:

This part is a test of your ability to write in Italian. It consists of two completion sets and one essay on a given topic.

When the supervisor announces the time at which each of the tasks should be completed, you should go on to the next exercise. If you finish before time is called, you may check your work on Part A, but you may NOT go on to Part B.

Write only in the lined spaces provided for the answers. Scratchwork may be done on the perforated blue insert enclosed in the booklet. Writing or notes made on the blue sheet will not be counted.

You should write your answers with a pen, preferably in black or dark blue ink. If you must use a pencil, be sure it has a well-sharpened point. Be sure to write CLEARLY and LEGIBLY. Cross out any errors you make.

Part B: Time - 30 minutes:

This part is made up of one question to be answered in composition form. It tests your knowledge and understanding of Italian culture.

Part C: Time - 15 minutes

This part is a test of your ability to speak in Italian. You will be asked to speak in a variety of ways and to record your voice. You will also be asked to start and stop your recorder several times. Be sure to follow the instructions you will hear.

When you are told to begin, open your pink booklet, gently tear out the blue insert, and start work on Part A. Write your answers to Part A in the pink booklet. Do not open the Part B green booklet until you are told to do so.

DO NOT OPEN THIS BOOKLET UNTIL YOU ARE TOLD TO DO SO.

ITALIAN LANGUAGE
SECTION II-PART A
Time - 40 minutes

DIRECTIONS: Read the following passage. Then, based on the context provided by the entire
passage, write on the line after each number the correct form of the verb in
parentheses. In order to receive credit, you must spell the verb correctly and
place accents and apostrophes where necessary. Be sure to write the verb on
the line even if no change is needed.

Poco dopo il suo sesto compleanno___(1)___a far visita a casa loro un'assistente sociale. Oltre
la porta la___(2)___interrogare i genitori su perché mai non lo___(3)___a scuola. ___(4)___ la
voce della madre___(5)___di non___(6)___mai___(7)___un figlio con quel nome, la voce del
padre sovrapporsi e aggiungere che si___(8)___senz'altro trattare di un errore dell'anagrafe o
di un caso di ominimia e poi___(9)___entrambe ridere forte. Incalzati dalle domande della
donna___(10)___in salotto il loro unico figlio.

    1. _____(venire)
    2. _____(sentire)
    3. _____(mandare)
    4. _____(udire)
    5. _____(dire)
    6. _____(avere)
    7. _____(avere)
    8. _____(dovere)
    9. _____(sentire)
   10. _____(chiamare)

DIRECTIONS: Read the following passage. Then, based on the context provided by the entire passage, write on the line after each number ONE single Italian word that is correct in meaning and form. In order to receive credit, you must speli the word correctly and piace accents and apostrophes where necessary. Be sure to write a word for every blank.

Una delle___(11)___che preferiva da piccola s'intitolava "Il re rospo," in qualche___(12)___ veniva citata come "Il principe ranocchio" e le sembrava un modo___(13)___di dire la stessa cosa. Era una fiaba profondamente___(14)___ perché raccontava di un___(15)___sensibile chiuso per ___(16)___nel corpo repellente di un ___(17)___. Una bellissima e___(18)___ prin-cipessa, giocando con una___(19)___d'oro, s'imbatte nella creatura fatata e nulla percepisce del suo___(20)___, nota soltanto il suo aspetto disgustoso.

11. _____
12. _____
13. _____
14. _____
15. _____
16. _____
17. _____
18. _____
19. _____
20. _____

21

DIRECTIONS: Write in Italian a well-organized and coherent composition of about 150 to 200 words on the topic below. You may want to take a few minutes to organize your thoughts before you begin to write your composition. Your work will be evaluated for grammatical accuracy and spelling for variety, range, and appropriateness of vocabulary and idioms, and for organization.

NO extra credit will be given for exceeding the prescribed length.

NO credit will be given for compositions that are too short.

NO credit will be given for a composition that does not address the topic.

Do not write using capitai letters only, since it will affect your grade level.

Take some time to PROOFREAD your work. WRITE LEGIBLY.

Composition:

21. **Se protesti essere presidente per un giorno quale sarebbe la prima cosa che cambiaresti, e perché?**

ITALIAN LANGUAGE
SECTION II-PART B
Time - 30 minutes

DIRECTIONS: Write in Italian a well-organized and coherent composition of about 150 words
on the topic below. Imagine you are writing the composition to submit it to an
Italian writing contest. You should take a few minutes to organize your thoughts before you begin to write the composition. Your work will be evaluated for
your knowledge of Italian culture, as well as its organization and clarity, range
and appropriateness of vocabulary, grammatical accuracy and spelling.

**Scegli un monumento italiano grande o piccola. Descrivi almeno DUE elementi diversi
(regione o città d'origine, impatto sulla società o cultura, storia, ecc.) che la rendono
importante e spiega perché. Giustifica la tua opinione facendo riferimento a letture, film,
esperienze personali o discussioni in classe.**

ITALIAN LANGUAGE
SECTION II - PART C
Time- 15 minutes

DIRECTIONS: Follow the instructions as provided by the master recording. You will be asked to speak in a variety of ways, and to record your voice. Follow carefully the directions for stopping and starting your tape recorder. At the end of the examination you should be sure to verify that your voice has been recorded.

(Announcer)
   This is the speaking part of the Italian Language Examination. Your spoken responses to questions or statements will be recorded. Your score will be based on what is on the tape. It is important, therefore, that you speak loudly enough for the machine to record what you say. You will be asked to start and stop your recorder at various points in the test. In each case, you will be told when to turn your machine to the "Record" position and when to turn it off.
   Follow the directions and record only when told to do so. You will now hear a number of recorded instructions that you should follow. The statements or questions you will hear are not printed in your booklet. Each question or statement will be spoken twice. After the sound of the tone, you will have 20 seconds to respond in Italian. A second tone will sound after 20 seconds bave elapsed. Always wait until you hear the tone signal before you speak. Answer each question fully; your ability to express yourself fluently and correctly will be the main basis for your score.
   Now you will hear a sample question, spoken twice, typical of the questions you will be asked. Try to answer it. Your answer to this question will not be recorded or scored. Mere is the sample question:

[SAMPLE QUESTION]

(Announcer)
   You will be scored on the next five (5) questions or statements. The quality as well as the quantity of your response will affect your grade. Credit will be deducted if the answer is too short, you should therefore use all the available time. Turn the recorder to the "Record" position and start the tape.

[LISTEN FOR SPOKEN QUESTIONS 1-5]

   You will now be asked to speak in Italian about the pictures you see. You will have 2 minutes to look at and think about all the pictures in which to relate the sequence of events depicted. Be sure to consider each of the six pictures. No tone will sound between each frame; move directly from one picture to the next in the following sequence - left to right, top to bottoni. You will be scored on the appropriateness, grammatical accuracy, range of vocabulary, pronunciation, and fluency of your response. Address each picture. The length of your response and the number of pictures addressed will affect your score. Do not start your tape recorder until you are told to do so.

(Announcer)
   Begin to look at and think about the pictures. (2 minutes) Now turn your tape recorder to the "Record" position and start the tape moving through the machine. (6 seconds) You will have a total of 2 minutes to relate the sequence of events in all of the six pictures. When you have finished speaking, please indicate in either English or Italian the fact that you have finished and give your AP number. Begin as soon as you hear the tone signal. Tone (2 minutes).

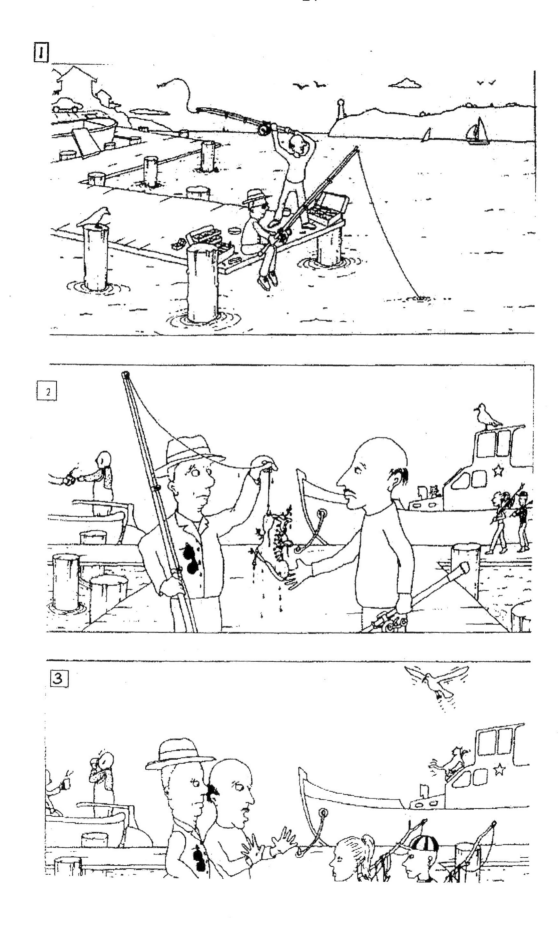

[BEGIN SPEAKING]

Stop your tape recorder. This is the end of the Advanced Placement Italian Language Examination. Close your booklet. At the tone signal, begin to rewind the tape. Tone (10 seconds). Stop your recorder even though the tape is not completely rewound. (6 seconds) You should listen to your tape to make sure that your voice has been recorded. In the event that your voice was not recorded, raise your hand and the supervisor will help you. Now turn your tape recorder to the "Play" position and start the tape moving through the machine. (20 seconds) Stop your tape recorder. If your voice was not recorded, raise your hand and the supervisor will help you. Now rewind your tape completely. (10 seconds) Remove your tape from the machine and wait for further instructions. (5 seconds)

KEY (CORRECT ANSWERS)

	SECTION I				SECTION II
1. B	31. A	61. B		1.	venne
2. A	32. D	62. C		2.	senti
3. C	33. A	63. B		3.	mandassero
4. D	34. A	64. A		4.	udì
5. A	35. C	65. C		5.	dire
6. C	36. A	66. D		6.	aver
7. A	37. C	67. A		7.	avuto
8. B	38. A	68. B		8.	doveva
9. B	39. B	69. D		9.	senti
10. A	40. C	70. A		10.	chiamarono
11. B	41. D	71. B		11.	favole
12. D	42. B	72. C		12.	libro
13. A	43. A	73. A		13.	ipocrito
14. C	44. C	74. A		14.	tragica
15. B	45. A	75. A		15.	uomo
16. C	46. B	76. B		16.	incantesimo
17. A	47. D	77. C		17.	rospo
18. D	48. A	78. B		18.	sciocca
19. C	49. C	79. D		19.	palla
20. A	50. A	80. A		20.	mistero
21. C	51. C	81. A			
22. C	52. A	82. B			
23. D	53. C	83. A			
24. B	54. A	84. C			
25. A	55. A	85. B			
26. B	56. C	86. A			
27. A	57. B	87. D			
28. C	58. A	88. A			
29. A	59. D	89. C			
30. B	60. A	90. A			

ITALIAN LANGUAGE SCRIPT
SECTION I - PART A

(Announcer) This is the Listening part of the Italian Language Examination.

DIRECTIONS: Por each question in this part, you will hear a brief exchange between two people. From the four choices printed in your test booklet, choose the most appropriate answer.

(Announcer) NOW GET READY POR THE FIRST BRIEF EXCHANGE. (5 seconds)

Dialogo 1 : *Dalla Parruchiera*

A.   Buon giorno signora, come va? Che cosa desidera oggi?

B.   Buon giorno, vorrei un taglio, shampoo naturalmente, e mi piacerebbe anche cambiare colore.

A.   Benissimo, ma prima che incominciamo, può dirmi che tipo di taglio vorrebbe?

B.   Non so precisamente, ma dato che ho avuto una promozione vorrei un taglio serio, elegante, insomma da manager.

A.   Capisco, un taglio corto e serio? uno che la farà sembrare più matura?

B.   Cosa vuol dire "più matura?" io voglio apparire seria non vecchia.

A.   Ci pensi un pò su, sia per il taglio che il colore.

B.   Va bene, ma lei è l'esperta mi metto nelle sue mani.

A.   Brava, non se ne pentirà.

B.   Dunque?

A.   Le suggerisco un taglio corto e spiritoso, con un bel colore rosso, che ne pensa?

B.   Faccia lei!

A.   Eccoci signora, un vero e proprio cambiamento. Che cosa ne pensa del risultato?

B.   Sono felicissima, è proprio un capolavoro! grazie, grazie mille. Il colore è meraviglioso e il taglio molto carino.

A.   La ringrazio signora, arrivederla a presto.

B.   Arrivederla.

Domande: 1.   Dove avviene questo incontro?
2.   Che cosa vuole la signora?
3.   Quale colore viene suggerito?
4.   Le è piaciuto il risultato?

Dialogo 2: *Dalla Fioraia*

A.   Buon giorno signora, desidera?

B.   Buon giorno, che bel negozio! è veramente incantevole.

A.   Grazie, allora che cosa desidera?

B.   Vorrei sapere se mandate fiori in tutto il mondo?

A.   Certo, oggigiorno tutto è possibile.

B.   Vorrei mandare una dozzina di rose gialle a Parigi, domani.

A.   A chi?

B.   A mia madre, domani è il suo compleanno e vorrei farle una sorpresa.

A.   Che idea tenera, la rosa è il mio fiore preferito. Mentre io preparo la composizione, lei può scrivere il suo messaggio su questo biglietto.

B.   Grazie, sono sicura che mia madre sarà felicissima della sorpresa, lei ama tanto i fiori.

A.   Tutto pronto signora, come pagherà?

B.   Con la carta di credito, va bene?
A.   Si, certamente, le carte di credito vengono usate intorno al mondo oramai.
B.   Certo che il mondo del commercio è cambiato, vero?
A.   Si davvero. Grazie, e spero che le rose portano tanta gioia a sua madre.
B.   Grazie e buon giorno.
A.   Grazie a lei, buon giorno.

Domande: 5.   Che cosa vuole la signora?
            6.   Dove vuole spedire l'ordine?
            7.   A chi vuole fare la sorpresa?
            8.   Che cosa usa per pagare?

Dialogo 3: *Al ristorante*
A.   Buon giorno signorina. È sola?
B.   Buon giorno. Si posso sedermi?
A.   Dove vuole, di fianco alla finestra, va bene?
B.   Si, benissimo. Allora... vorrei un menu, per favore? A. Subito.
A.   Eccolo, prego.
B.   Allora vorrei cominciare con un antipasto.
A.   Va bene. Cosa vorrebbe come antipasto?
B.   I fungi imbottiti, e il minestrone come primo.
A.   Funghi imbottiti e il minestrone come primo. E da bere?
B.   Vorrei dell'acqua con una fettina di limone.
A.   Desidera un secondo?
B.   Si, il tonno alla griglia.
A.   Tonno alla griglia... e di contorno?
B.   Dell'insalata, per favore.
A.   Bene, tonno alla griglia e insalata. Nient'altro?
B.   No, Dio mio! devo stare attenta alla dieta. Grazie.

Domande: 9.   Dove si siede la signorina?
            10.   Cosa ordina per antipasto?
            11.   Cosa vuole con l'acqua?
            12.   Perché non ordina altro?

DIRECTIONS: You will now listen to several selections. Each selection will be followed by a series of questions based on content. During the pause, select the best answer to each question from among the four choices printed in your test booklet, and place your answer on the line at the right.

SELECTION NUMBER 1

NOW GET READY TO LISTEN TO THE FIRST SELECTION

Lilit

Nel giro di pochi minuti il cielo si era fatto nero ed aveva incominciato a piovere. Poco dopo, la pioggia crebbe fino a diventare un acquazzone ostinato, e la terra grassa del cantiere si mutò in una coltre di fango profonda un palmo, non solo lavorare di pala, ma addirittura reggersi in piedi era diventato impossibile. Il Kapo interrogò il capomastro civile, poi si volse a noi; che ognuno andasse a ripararsi dove voleva. C'erano sparsi in giro diversi spezzoni di tubo di ferro, lunghi cinque o sei metri, e del diametro di uno. Mi infilai dentro uno di questi, ed a metà tubo mi incontrai col Tischler, che aveva avuta la stessa idea ed era entrato dall'altra estremità.

« Tischler » vuol dire falegname, e fra noi il Tischler non era conosciuto altrimenti che cosi. C'erano anche il Fabbro, il Russo, lo Scemo, due Sarti (rispettivamente « il Sarto » e « l'altro Sarto »), il Galiziano e il Lungo; io sono stato a lungo «l'Italiano», e poi indifferentemente Primo o Alberto perché venivo confuso con un altro.

Il Tischler era dunque Tischler e nulla più, ma non aveva l'aspetto del falegname, e tutti noi sospettavamo che non lo fosse affatto; a quel tempo era comune che un ingegnere si facesse schedare come meccanico, o un giornalista come tipografo; si poteva cosi sperare in un lavoro migliore di quello del manovale, senza scatenare la rabbia nazista contro gli intellettuali. Comunque fosse, il Tischler era stato messo al bancone dei carpentieri, e col mestiere non se la cavava male. Cosa inconsueta per un ebreo polacco, parlava un pò d'italiano glielo aveva insegnato suo padre, che era stato fatto prigioniero dagli italiani nel 1917 e portato in un campo, si in un Lager, da qualche parte vicino a Torino. La maggior parte dei compagni di suo padre erano morti di spagnola, e infatti ancora oggi i loro nomi esotici, nomi ungheresi, polacchi, croati, tedeschi, si possono leggere su un colombiano del Cimitero Maggiore, ed è una vista che riempie di pena al pensiero di quelle morti sperdute. Anche suo padre si era ammalato, ma era guarito.

Domande: 13. Che cosa è successo nel giro di pochi minuti?
14. Che cosa c'era sparso in giro?
15. Che cosa vuol dire Tischler?
16. Chi era stato fatto prigioniero nel 1917?

SELECTION NUMBER 2

NOW GET READY TO LISTEN TO THE SECOND SELECTION

I GIOCATTOLI ROTTI

Poco dopo la Liberazione, i treni di Roma riprendevano a funzionare, fu anzi ripristinato un rapido. Non era ancora come prima, ma bisogna pensare che appena qualche settimana avanti il viaggio era penoso, c'era un solo binario e per quanto il convoglio portasse il nome di diretto, sifermava di continuo, rifaceva un tratto di strada all' indietro, manovrava sui pezzi di doppio binario appena ricollocati, mentre gli operai lavoravano attorno ai ponti sostenuti da travature di legno, alle stazioni distrutte e ingombre di scheletri di vagoni.

Il rapido era pieno di gente che si contendeva i posti, che entrava dai finestrini. Faceva un caldo soffocante. L'odore della gomma e della pegamoide rendeva più disgustoso il caldo. Le liti scoppiavano da tutte le parti. Chi si era procurato il posto guardava indifferente a quella lotta, con un profondo compiacimento d'esserne fuori, o dormiva, e portava nel sonno un'espressione di disgusto e di inimicizia. Un litigio scoppiò da qualche parte, a proposito d'un segno che un tale aveva messo per occupare il posto. Aveva messo un giornale. Uno, all'apparenza studente, osservò che quello non era un segno che avesse un valore. "Che cosa vuole? che ci metta un biglietto da mille?" chiese l'altro, un uomo con una borsa sottobraccio. L'ironia è una delle cose che i meridionali non tollerano. Lo studente reagi, i due si affrontarono, ma non accadde niente. Tutti sapevano che non sarebbe successo niente. I due si parlavano vicini, quasi a petto a petto, dicevano ognuno la sua frase, sempre la stessa, scandita, recisa, come se recitassero insieme i versetti d'una rabbiosa orazione. Ma non successe niente. Da un'altra parte, qualcuno alimentava un nuovo litigio, offeso perché gli offrivano cinquecento lire se cedeva il suo posto. Si mise a urlare che lui avrebbe regalato mille lire. E se ne andò senza dare le mille lire, per occupare il posto di una ragazza che aveva ceduto alle insistenze d'un intraprendente siciliano il quale assicurava che di li a mezz'ora sarebbe partito un altro treno completamente vuoto, dove si sarebbe stati larghi, comodi, e non in quel parapiglia.

Il giovane era simpatico, pieno di umore, con un'aura avventurosa e sfrontata. Cedette la ragazza, e cedette anche la donna che l'accompagnava, forse sua madre; seguirono il giovane come per ascoltare il resto d'un racconto. Il giovane sapeva contraffare molti dialetti italiani, il milanese e il veneto, e assai male il toscano. Quello delle mille lire occupò uno dei due posti liberi, l'altro posto fu conteso tra un uomo di bassa statura, tarchiato con un'ombra di grigio sul viso che faceva sospettare avesse più anni di quanti ne mostrava, e un altro, grosso, lento, prepotente, con un viso infastidito e sprezzante; portava trascuratamente nella tasca dei pantaloni un pugno di biglietti da mille fra cui cercò, sempre sprezzantemente, il suo biglietto di viaggio, non appena si fu seduto a quel posto. L'uomo tarchiato si arrese e tornò indietro, nel corridoio davanti al gabinetto, fitto di gente.

Domande: 17. Quando hanno incominciato a funzionare i treni?
             18. Com'erano sostenuti i ponti?
             19. Che cosa scoppiavano da tutte le parti?
             20. Che cosa non tollerano i Meridionali?
             21. Che cosa sapeva contraffare il ragazzo?

SELECTION NUMBER 3

NOW GEI READY TO LISTEN TO THE THIRD SELECTION

BISTINO E IL SIGNOR MARCHESE

-----Nunzia....sai Nunzia....ho visto il signor marchese.

"Ah!" rispondeva la Nunzia senza voltarsi dal camino dov'era la tesa a dar gli ultimi tocchi per il pranzo o la cena; e mentre una tavolina bianca, linda e lucente, apparecchiata davanti alla finestra aperta sul piccolo orto, aspettava con le braccia aperte i due commensali. La donna non dimostrava curiosità per quell'incontro, ma talora aggiungeva più condiscente: "Che ti ha detto?

che fa?"strascicando le parole in tono da non desiderare troppo certe notizie né di prestarsi a lungo per ascoltarle.

Talaltra Bistino, giungendo sulla porta di cucina spaventato e sconvolto, quasi gli mancasse il coraggio di entrare, diceva a precipizio: "Sai, l'ho visto, l'ho incontrato, gli ho parlato." Quasi non ci fosse al mondo che una persona da poter vedere, incontrare e alla quale rivolgere una parola; e che tutti gli altri non esercitassero su di lui un minimo d'interesse. "Tanto piacere" rispondeva secco la Nunzia scodinzolando fra il camino e la dispensa.

Era carino vedere quelPomone alto quasi quanto la porta, per starci sotto chinava il capo istintivamente presentendone l'architrave, nell'atteggiamento stupido di attesa, e simile a un bambino gigante seguire i movimenti che la moglie eseguiva davanti al camino del quale era poco più alta, tanto da doversi alzare sulla punta dei piedi per guardar dentro la pentola. Quando erano accanto, la Nunzia col suo ciuffetto dispettoso non arrivava alla spalla di Bistino; una coppia bene assortita, e forse perciò perfetta e felice.

Ti ha chiesto qualche cosa? - aggiungeva dopo un silenzio freddo che faceva restar fermo e a bocca aperta il marito. E lui, incapace di mentire alla moglie, rispondeva cautamente.

- Gli ho pagato il caffè .... il caffè .... e una pasta.
- Aveva fame eh?

Dopo aver pronunziato questa parola con una punta di crudeltà, la donna dava un lungo sospiro.

- È il benefizio che producono certi incontri. Stai sicuro che non ti renderà la cortesia.
- Capiva che il marito doveva aver fatto qualche cosa di più.

Bistino si sentiva disarmato, scoraggiato, ferito.

- Capirai.... che cosa vuoi ....come si fa.
- balbettava cercando di nascondere e di scusare l'impeto del cuore, e di scusare
- insieme il signor marchese che aveva bevuto il caffè e s'era mangiato la pasta.

E forse messa in tasca qualche liretta che il bravuomo gli aveva offerto a titolo di grazioso prestito. E talora la Nunzia, che voleva un gran bene al suo Bistino, diceva una parola che dava la stura al racconto e lui, simile ai fiumi quando rompono gli argini, la invadeva.

- Se tu vedessi.... se tu vedessi....

Gli dava la stura ma non faceva che interromperlo e ostacolargli la via.

- Chi è cagione del proprio male pianga sé stesso-

Proclamava delle sentenze quasi leggesse nelle tavole della legge sacra e universale; e con le quali faceva da martinicca al marito dopo avergli dato l'aire. E quello, vero fanciullone roseo e fresco nonostante i cinquantacinque anni, con degli occhi celesti che sorridevano buoni e puerili, si fermava restando con la bocca aperta.

<u>Domande:</u> 22. Che cosa non dimostrava la donna?
             23. Chi ha visto l'uomo ?
             24. Che cosa ha comprato Bistino?
             25. Com'erano gli occhi di Bistino?

SELECTION NUMBER 4

NOW GET READY TO LISTEN TO THE FOURTH SELECTION

ALFREDUCCIO torreggiava in un angolo della piazza....

Alfreduccio torreggiava in un angolo della *piazza,* sfoggiando pantaloni con la riga perfetta e camicia di lino rosa, quando il ragazzo gli arrivò alle spalle e lo colpi con una coltellata all'altezza della cintura. Alfreduccio si voltò di scatto e lo afferrò per un polso. Alfreduccio era alto un metro e novanta, il *ragazzo* era un fregnetto sui cinquanta chili forse meno. «Chi te manna?» chiese Alfreduccio storcendoli un poco il polso. « Uuuh, mamma mia! - gemette il *ragazzo* - Me stai a fa' male. Abbada che t'o fatto un tajo». «Lo sento, sto tajo, li mortacci tua, ma mo' dimme chi te manna. Subbito, parla, stronzetto. Chi te manna?». Il ragazzo allontanò con un calcio il coltello che era finito a terra. «Lasciarne sto braccio e fatte medica - balbettò - Ciai un tajo e te sta a sorti er sangue. Me lo voi lassa, sto braccio?».
Alfreduccio glielo torse un altro poco, facendogli emettere uno strillo acuto. «Dimme che te manna, daje. Nun ce vò gnente a strappà l'ali alle mosche». «Ce so venuto io de inizziativa mia». «A damme una coltellata? E perché?- ridacchio Alfreduccio - Io so grosso, tu sei picco- letto e me ne venghi a dà 'na coltellata proprio a me che nun se conoscerne?». «Me stai a fa' male», disse il ragazzo, spasmodico. «Mo sentirai quanno te lo stacco - sospirò Alfreduccio - Quarcheduno sviene, quando je stacco un braccio o na cianca, dipenne da come l'acchiappo. T'hanno pagato, è chiaro e mò me dichi chi, sinnò stò braccio te lo sei giocato. Uno de Napoli, tiè, te vojo aiuta. È uno de Napoli che te cià mannato, di la verità?», «sei bravo a mantenè er segreto ma nun te conviene perché io mò t'ammazzo e a Napoli nun dannerai mai più. Quanto t'hanno dato?». «Inizziativa mia» riusci a dire ancora una volta il ragazzo prima di crollare sve- nuto ai piedi di Alfreduccio che, tanto per gradire, gli assestò due calci in testa.
«Mai anche rovinato 'na camicia bellissima - brontolò Alfreduccio - La carne s'aricuce, ma la camicia è da butta». E si tuffò pancia a terra, mentre due pallottole si schiacciavano sul muro alla sua *altezza.* Qualche passante lo aiutò a rialzarsi mentre lui brontolava che la citta era diventata una giungla. Mentre continuava a scalciare il ragazzo svenuto.

<u>Domande:</u> 26. Dove si trovava Alfreduccio?
             27. Che cosa gli ha fatto il ragazzo?
             28. Che cosa vuole sapere Alfreduccio?
             29. Chi ha aiutato ad Alfreduccio?

SELECTION NUMBER 5

NOW GET READY TO LISTEN TO THE FIFTH SELECTION

TRANSPOLESANA e'...

LA TRANSPOLESANA è un'arteria che pulsa di traffico tra campagne che non regalano nemmeno per sbaglio il brivido dello charme. Eppure, nella monotonia di questo lembo della bassa veronese, come per Alice che al di là dello specchio trova gli stupori di Wonderland sono in agguato stupori senza paragoni. La strada rivela un ultimo ostacolo da saltare; una serie di capannoni industriali che poco inducono al pensiero estetico. E invece qui sta l'errore, perché varcata la porta del Perbellini, si spalanca un luogo raccolto, curatissimo, dove la cucina è di assoluta grandezza e di costante emozione. Giancarlo Perbellini è uno chef che sa come pochi mettere insieme la tecnica e la naturalezza, la provocazione e la rassicurazione del gusto, il superamento del limite e la citazione della tradizione. Una cucina che trova il suo prolungamento armonioso in sala, dove Paola - la moglie di Giancarlo - gestisce con grazia sorridente una clientela alle prese con le troppe tentazioni della carta, mentre Savio Bina, sommelier di assoluta esperienza sa raccogliere le voci più interessanti della cantina, dalle piccole etichette ai grandi classici coi nomi importanti.

La gola comincia già a farsi trasportare al comparire di piccoli divertimenti di esordio, come un lungo stecco sul quale è infilzata una sublime porchetta avvolta in un vestito segoso di frutto della passione che subito eccita le papille ad andare oltre. Poi, può capitare che da un raviolo minimalista, una volta franto l'impasto scaturisca uno straordinario minestrone con tutti i suoi profumi e di più. E ancora una granita agrumata moltiplica il piacere di uno scampo crudo, mentre (questa volta in frittura) lo scampo diventa l'elemento croccante e sensuale in un prodigioso risotto con zucca e zenzero bilanciati alla perfezione. Già, il bilanciamento. Perché Giancarlo nasce pasticciere. Una visita a questo locale deve quindi assolutamente non negarsi il momento del dolce, assoluto e sovrano. Prima stuzzichini indimenticabili, come la cartelletta al cioccolato, le piramidi spumose al pistacchio, la tazzuba di fragole e mandorle. Poi il carrello, enfatico come un trono di melodramma, immenso, stratificato, E la testa si perde tra la creme brulee alla lavanda, il piccolo tiramisù, la millefoglie alla crema "strachin" (il formaggio non c'entra, si tratta solo di tuorli d'uovo montati come una panna), e mille altre variazioni sul tema. Col cuore che resta impigliato, come in un ricordo d'infanzia, nell'abbraccio di burro e marmellata di una torta che "resta" gioiosamente tutta la giornata.

Domande: 30. Dove si trova La Transpolesana?
                31. Com'è il ristorante Perbellini?
                32. Che cosa è infilzata sullo stecco?
                33. Che cosa non ci si deve negare quando si visita questo locale?

<u>SELECTION NUMBER 6</u>

NOW GEI READY TO LISTEN TO THE SIXTH SELECTION

PERSONAGGI - UMANESIMO - RINASCIMENTO

ALIGHIERI DANTE (1265-1321)

Nato a Firenze, fu battezzato col nome di Durante. Il padre, Alighiero, apparteneva alla piccola nobilita guelfa e perciò la sua famiglia godeva di una certa agiatezza. Secondo le consuetudini del tempo, la sua educazione fu centrata in un primo momento sulla "grammatica", anche se il giovane approfondi la propria cultura sopratutto attraverso contatti e amicizie con vari letterati, tra i quali Guido Cavalcanti. Ebbe come maestro Brunetto Latini e compi vari studi teologici e filosofici. Nella sua gioventù incontrò Beatrice, la donna che amerà tutta la sua vita. A lei è dedicata una delle sue opere più importanti: La Vita Nuova. Nel 1295 iniziò la carriera politica e già nel 1300 venne eletto Priore. Quando nel 1301 Firenze fu occupata da Carlo di Valois a sostegno della fazione dei Guelfi Neri, Dante, impegnato in una ambasceria a Roma per conto dei Bianchi allora in potere, fu condannato all'esilio ed impedito di ritornare a Firenze e passò il restante tempo della sua vita peregrinando da una corte all'altra. Nonostante la stima di cui godeva, soffri amaramente l'esilio provando "come sa di sale lo pane altrui". Mori a Ravenna, presso i da Polenta.

Durante questo periodo scrisse le Rime, il Convivio, il De Monarchia, il De Vulgari Eloquentia e la Divina Commedia. Quest'ultima è strutturata in 3 libri (Inferno, Purgatorio e Paradiso) ed è considerata uno dei massimi capolavori della letteratura mondiale.

<u>Domande:</u>   34. Qual'è il nome di battezzo di Dante?
          35. Come si chiamava la donna che amo'?
          36. In che anno incominciò la sua carriera politica?
          37. Quanti libri ha LA DIVINA COMMEDIA?

SELECTION NUMBER 7

NOW GET READY TO LISTEN TO THE SEVENTH SELECTION

Il Porco Letterario, ovvero: P(w)ork in Progress

Secondo corso di cucina tradizionale -

"Del maiale non..." il vecchio adagio è a tutti noto. Come noti sono i modi di cucinarlo e di sevirlo a tavola.

Un pò meno conosciute o a rischio di estinzione nell'era biotech sono, invece, le techniche tradizionali di lavorazione del simpatico quadrupede dalla coda arricciata. E non proprio ovvie appaiono le associazioni tra esso e i tenitori della letterarietà.

Forse è per questo che è difficile immaginare di poter colmare un vuoto nel campo senza incorrere nel rischio di cadere nella banalità e nel già visto.

Ci prova a farlo il Parco Letterario Francesco De Sanctis, con l'organizzazione del Secondo corso di cucina tradizionale che ha al centro, appunto le tecniche di lavorazione del maiale in un contesto.

Il Corso si tiene sabato 9 e domenica 10 marzo 2002 presso il laboratorio *Retrogusto,* in località Orcomone ed ha per 'docenti' alcune donne del luogo, depositarie di un sapere e di tecniche, che rendono unico il sapore degli insaccati e degli altri 'derivati' del maiale.

È evidente che non è indifferente, rispetto al prodotto finito, il tipo di alimentazione con cui è cresciuto l'animale; i prodotti della natura, che da queste parti è ancora incontaminata.

Poi, il Parco Letterario ha avuto cura di scegliere il meglio sul mercato, come di consueto, perché un maiale non vale l'altro.

Chi sceglierà di venirci a trovare, prenotandosi per tempo, potrà portarsi a casa un know-how fondamentale in questi tempi di 'mucche pazze' e di manipolazioni genetiche. E potrà portarsi, ovviamente, il 'materiale didattico' elaborato durante il corso, a costi davvero 'appetibili'!

Domande: 38. Su quale animale si baserà il corso?
            39. Dove si terrà il corso?
            40. Chi sono le 'docenti"?

ITALIAN LANGUAGE SCRIPT
SECTION II - PART C

Directions for speaking will be given to you by a master tape. You will be asked to speak in a variety of ways, and to record your voice. Follow carefully the directions for stopping and starting your tape recorder. At the end of the examination you should be sure to verify that your voice has been recorded.

(Announcer)

This is the speaking part of the Italian Language Examination. Your spoken responses to questions or statements will be recorded. Your score will be based on what is on the tape. It is important, therefore, that you speak loudly enough for the machine to record what you say. You will be asked to start and stop your recorder at various points in the test. In each case, you will be told when to turn your machine to the "Record" position and when to turn it off.

Follow the directions and record only when told to do so. You will now hear a number of recorded instructions that you should follow. The statements or questions you will hear are not printed in your booklet. Each question or statement will be spoken twice. After the sound of thè tone, you will have 20 seconds to respond in Italian. A second tone will sound after 20 seconds have elapsed. Always wait until you hear the tone signal before you speak. Answer each question fully; your ability to express yourself fluently and correctly will be the main basis for your score.

Now you will hear a sample question, spoken twice, typical of the questions you will be asked. Try to answer it. Your answer to this question will not be recorded or scored. Here is the sample question:

(Speaker)

Ti ricordi come si chiama il nuovo film di Bertolucci?
Ti ricordi come si chiama il nuovo film di Bertolucci?

(Announcer)

You will be scored on the next five (5) questions or statements. The quality as well as the quantity of your response will affect your grade. Credit will be deducted if the answer is too short, you should therefore use all the available time. Turn the recorder to the "Record" position and start the tape.

Numero 1.   Perché non vuoi più studiare il tedesco ? è troppo difficile?
              Perché non vuoi più studiare il tedesco ? è troppo difficile?

              Tone (20 seconds) - Tone

Numero 2.   Hai mai letto libri di *Moravia*! Ti piacciono?
              Hai mai letto libri di *Moravia*! Ti piacciono?

              Tone (20 seconds) - Tone

Numero 3.   Cosa? hai perduto gli occhiali! come farai a leggere in classe?
              Cosa? hai perduto gli occhiali! come farai a leggere in classe?

              Tone (20 seconds) - Tone

Numero 4.   Pensi di uscire stasera? dove ti piacerebbe andare?
              Pensi di uscire stasera? dove ti piacerebbe andare?

              Tone (20 seconds) - Tone

Numero 5.   Che cosa preferisci mangiare per pranzo, la pasta o il panino?
              Che cosa preferisci mangiare per pranzo, la pasta o il panino?

              Tone (20 seconds) - Tone

You will now be asked to speak in Italian about the pictures you see. You will have two minutes to look at and think about all the pictures in which to relate the sequence of events depicted. Be sure to consider each of the six pictures. No tone will sound between each frame; move directly from one picture to the next in the following sequence - left to right, top to bottom. You will be scored on the appropriateness, grammatical accuracy, range of vocabulary, pronunciation, and fluency of your response. Address each picture. The length of your response and the number of pictures addressed will affect your score. Do not start your tape recorder until you are told to do so.

(Announcer)
Begin to look at and think about the pictures. (2 minutes) Now turn your tape recorder to the "Record" position and start the tape moving through the machine. (6 seconds) You will have a total of two minutes to relate the sequence of events in all of the six pictures. When you have finished speaking, please indicate in either English or Italian the fact that you have finished and give your AP number. Begin as soon as you hear the tone signal. Tone (2 minutes)
Stop your tape recorder. This is the end of the Advanced Placement Italian Language Examination. Close your booklet. At the tone signal, begin to rewind the tape. Tone (10 seconds). Stop your recorder even though the tape is not completely rewound. (6 seconds) You should listen to your tape to make sure that your voice has been recorded. In the event that your voice was not recorded, raise your hand and the supervisor will help you. Now turn your tape recorder to the "Play" position and start the tape moving through the machine. (20 seconds) Stop your tape recorder. If your voice was not recorded, raise your hand and the supervisor will help you. Now rewind your tape completely. (10 seconds) Remove your tape from the machine and wait for further instructions. (5 seconds)

EXAMINATION SECTION

ITALIAN LANGUAGE

Approximately three hours are allotted for this examination: 1 hour and 30 minutes for Section I, which consists of multiple-choice questions that assess listening and reading comprehension; and approximately 1 hour and 25 minutes for Section II, which consists of writing, cultural knowledge and speaking.

The use of dictionaries is not permitted during thè examination.

SECTION I
Time - 1 hour and 30 minutes
Percent of total grade - 40

Part A: Time - Approximately 35 minutes: listening comprehension questions to test ability to understand spoken Italian

Part B: Suggested time - 55 minutes: passages with questions to test reading comprehension

If you have time remaining at thè end, you may check your work on any part of Section I.

General Instructions

INDICATE ALL YOUR ANSWERS TO QUESTIONS IN SECTION I ON THE SEPARATE ANSWER SHEET. No credit will be given for anything written in this examination booklet, but you may use thè booklet for notes or scratchwork. After you have decided which of thè suggested answers is best, COMPLETELY fili in the corresponding ovai on thè answer sheet. Give only one answer to each question. If you change an answer, be sure that thè previous mark is erased completely.

Many candidates wonder whether or not to guess thè answers to questions about which they are not certain. In this section of thè examination, as a correction for haphazard guessing, one-third of thè number of questions you answer incorrectly will be subtracted from thè number of questions you answer correctly. It is improbable, therefore, that mere guessing will improve your score significantly; it may even lower your score, and it does take time. If, however, you are not sure of thè correct answer but have some knowledge of thè question and are able to eliminate one or more of thè answer choices as wrong, your chance of getting thè right answer is improved, and it may be to your advantage to answer such a question.

Use your time effectively, working as rapidly as you can without losing accuracy. Do not spend too much time on questions that are too difficult. Go on to other questions and come back to thè difficult ones later if you have time. It is not expected that everyone will be able to answer ali thè multiple-choice questions.

ITALIAN LANGUAGE
SECTION I
Time - 1 hour and 30 minutes
PART A
Time - Approximately 35 minutes

DIRECTIONS: For each question in this part, you will bear a brief exchange between two people. From the four choices in your test booklet, choose the appropriate answer.

DIALOGUE 1 : *A telephone conversation in a law office*

1. A. A casa
   B. Al telefono in un ufficio legale
   C. In un teatro
   D. Per strada

   1.____

2. A. Sua madre
   B. Il suo direttore
   C. Un'amica
   D. Paola Maurino

   2.____

3. A. Non lo so
   B. Jessica
   C. Maria
   D. Giammarino e Stella

   3.____

4. A. Partirà per New York
   B. Visiterà l'Italia
   C. Telefonerà ad un'amica
   D. Andrà a cena a casa di Paola

   4.____

DIALOGUE 2: *A conversation on thè Metro between two coworkers*

5. A. In macchina
   B. Nella metro
   C. Per strada
   D. Nell'ufficio

   5.____

6. A. Si ce ne sono
   B. No non ce ne sono
   C. Solo uno
   D. Devono stare in piedi

   6.____

7. A. Non mi ricordo
   B. Barbarossa
   C. Giovanni
   D. Non hanno detto il suo nome

   7.____

8. A. Lo sgriderà
   B. Non gli parlerà più
   C. Parlerà e parlerà
   D. Andrà in vacanza

   8.____

DIALOGUE 3: *At home, an unexpected event*

9. A. Pallida   9.____
    B. Felice
    C. Stanca
    D. Silenziosa

10. A. Il papà   10.____
    B. I ladri
    C. Una vicina di casa
    D. La polizia

11. A. Il televisore   11.____
    B. Il cane
    C. Il computer
    D. I gioielli della mamma

12. A. Anche da loro i furti non mancano   12.____
    B. Sperano di ritrovare i gioielli
    C. Sanno chi sono i ladri
    D. L'assicurazione aiuterà a pagare

DIRECTIONS: You will now listen to several selections. Each selection will be followed by a
series of spoken questions based on content. During thè pause, select thè
best answer to each question from among thè four choices printed in your test
booklet, and piace your answer on thè line at thè right.

SELECTION NUMBER 1

NOW GEI READY TO LISTEN TO THE FIRST SELECTION

13. A. Per il circo   13.____
    B. Origine rituale
    C. Gare di bocce
    D. Gladiatori

14. A. Dal teatro greco e romano   14.____
    B. Dalla Spagna
    C. Dall'America
    D. L'Inghilterra

15. A. Trucco   15.____
    B. Crema
    C. Maschere
    D. Baffi

16. A. Nel centro delle maggiori città   16.____
    B. Sulla collina
    C. In riva al mare
    D. In una *piazza*.

SELECTION NUMBER 2

NOW GET READY TO LISTEN TO THE SECOND SELECTION

17. A. Di viaggio   17.____
      B. Di previsioni agrometeorologiche
      C. Della temperatura
      D. Degli eventi locali

18. A. Variabili   18.____
      B. Tranquille
      C. Piove
      D. C'è il sole

19. A. Non lo so   19.____
      B. 21 Giugno
      C. 9 Agosto
      D. 20 Maggio

20. A. Nebbia   20.____
      B. Molto vento
      C. Pioggia cumulata
      D. Neve

21. A. Molti   21.____
      B. Da 20-40 mm
      C. 2 cm
      D. 4 pollici

SELECTION NUMBER 3

NOW GEI READY TO LISTEN TO THE THIRD SELECTION

22. A. Fiori di Bach   22.____
      B. Omeopatia
      C. Musicoterapia
      D. Fitoterapia e aromaterapia

23. A. Camomilla e menta   23.____
      B. Fiori d'arancio
      C. Geranio
      D. Prezzemolo

24. A. Chi ha freddo   24.____
      B. Chi dorme poco
      C. Chi non sopporta il dolore
      D. Non lo so

25. A. Il té   25.____
      B. L'eucalipto
      C. Il brodo
      D. La musica

SELECTION NUMBER 4

NOW GET READY TO LISTEN TO THE FOURTH SELECTION

26. A. 15 minuti
    B. 2 ore
    C. 40 minuti
    D. 5 minuti

    26.____

27. A. Il parmigiano
    B. La ricotta
    C. La mozzarella
    D. La gruviera

    27.____

28. A. Un piatto
    B. Un tegame
    C. Un bicchiere
    D. Un foglio di carta

    28.____

29. A. Mancano i piatti
    B. Assorbe la frittura
    C. Aiuta il sapore
    D. Cosi si finisce prima

    29.____

SELECTION NUMBER 5

NOW GEI READY TO LISTEN TO THE FIFTH SELECTION

30. A. L'albero di noce
    B. L'albero di mele
    C. Pere
    D. Pesche

    30.____

31. A. Bari
    B. Roma
    C. Benevento
    D. Assisi

    31.____

32. A. Arno
    B. Pò
    C. Sabato e Calor
    D. Tevere

    32.____

33. A. Virgilio
    B. Giacomo Leopardi
    C. Giovanni Pascoli
    D. Dante Alighieri

    33.____

SELECTION NUMBER 6

NOW GET READY TO LISTEN TO THE SIXTH SELECTION

34. A. L'odio
    B. Del perfetto amore
    C. La speranza
    D. La fede

    34.____

35. A. 1 km
    B. 10 km
    C. A meno di 12 km
    D. Non lo so

    35.____

36. A. 79 d.C.
    B. 1832
    C. 2006
    D. 76 d.C.

    36.____

SELECTION NUMBER 7

NOW GET READY TO LISTEN TO THE SEVENTH SELECTION

37. A. 300
    B. 1277
    C. 1200
    D. 1925

    37.____

38. A. Napoli
    B. Pisa
    C. Pietrelcina
    D. Caserta

    38.____

39. A. Solo poche strade
    B. La periferia
    C. Via Speranza
    D. Tutto il centro storico

    39.____

40. A. Tutti gli abitanti
    B. Solo una persona
    C. Una dozzina
    D. Una famiglia

    40.____

END OF PART "A"

ITALIAN LANGUAGE
SECTION I
PART B
Time - Approximately 55 minutes

DIRECTIONS: In each of thè following paragraphs, there are numbered blanks indicating that words or phrases have been omitted. For each numbered blank, four completions are provided. First read through thè entire selection, then, for each numbered blank, choose thè completion that is most appropriate and piace your answer on thè line at thè right.

Per una bocca da baciare ... La mirra...

Un vero e proprio___(41)___naturale, la mirra; efficace nell'igiene___(42)___si può usare internamente o___(43)___per curare la___(44)___, i___(45)___, le unghie. Oggi la mirra viene___(46)___in___(47)___ed è una delle piante officinati più diffuse per le sue riconosciute ___(48)___terapeutiche.

41. A. fatto   41._____
     B. fiore
     C. farmaco
     D. tè

42. A. del corpo   42._____
     B. orale
     C. delle mani
     D. dei capelli

43. A. al caldo   43._____
     B. poco
     C. ogni giorno
     D. esternamente

44. A. pelle   44._____
     B. mal di testa
     C. occhi
     D. indigestione

45. A. la schiena   45._____
     B. orrechioni
     C. denti
     D. i singhiozzi

46. A. scelta   46._____
     B. impiegata
     C. bollita
     D. cotta

47. A. profumeria   47._____
     B. cucina
     C. bagno
     D. olio

48. A. debolezza
     B. sapore
     C. virtù
     D. odore

48.____

Un rimedio (naturale) per ogni mal di testa:

I mal di testa non___(49)___tutti uguali:___(50)___le cause, cambiano i sintomi, cambiano le cure. ___(51)___la cefalea con la semplice___(52)___del dolore non costituisce una cura, ma solo un ripiego. Molto più___(53)___risulta intervenire sull'origine del disturbo___(54)___ essa Fisica o___(55)___Prime, in questio___(56)___, le medicine naturali.

49. A. sono
     B. erano
     C. è
     D. ha

49.____

50. A. cercano
     B. cambiano
     C. provano
     D. trovano

50.____

51. A. Curare
     B. Mangiare
     C. Trattare
     D. Digerire

51.____

52. A. soppressione
     B. rilievo
     C. mancanza
     D. assistenza

52.____

53. A. potenza
     B. efficace
     C. sedativa
     D. alimentare

53.____

54. A. sono
     B. possa
     C. stanno
     D. sia

54.____

55. A. Psicologica
     B. Fisica
     C. Naturale
     D. Oculare

55.____

56. A. ramo
     B. posto
     C. campo
     D. ospedale

56.____

UNA CONVERSAZIONE PER VIA...

Ciao Mario,
___(57)___dispiace___(58)___ceniamo al mio albergo? È proprio qui all'angolo, ha un
ristorante___(59)___un servizio magnifico. Sai___(60)___vedere se___(61)___posta dall'America. Sono stato fortunato___(62)___ho trovato posto, anzi addirittura___(63)___ singola senza aver fatto alcuna prenotazione prima.

57.   A.   Mi   57.____
      B.   Ci
      C.   Ti
      D.   Le

58.   A.   se   58.____
      B.   che
      C.   con
      D.   qui

59.   A.   è   59.____
      B.   a
      C.   dal
      D.   con

60.   A.   cerco   60.____
      B.   vorrei
      C.   spero
      D.   penso

61.   A.   ci sono   61.____
      B.   arriva
      C.   c'è
      D.   non c'è

62.   A.   che   62.____
      B.   cui
      C.   per
      D.   da

63.   A.   due   63.____
      B.   una
      C.   alcuna
      D.   questa

DIRECTIONS: Read the following passages carefully for comprehension. Each passage is followed by a number of questions. Select the answer that is best according to the passage and fill in the corresponding ovai on the answer sheet. There is no sample question for this part.

Passage 1
This selection was originally published in: **ilmessaggero.it**

Dove si esercita la grande cucina...

Dove si esercita la grande cucina italiana? Troppo spesso in luoghi asettici, quando non brutti, che suggeriscono più il laboratorio che il gioioso abbandono al gusto del mangiare. La mente soliloquia col cibo, insomma. Felici quindi quei casi dove bellezza, naturalezza, bontà si coniugano per un piacere complessivo, rotondo. Succede, per esempio, nel cuore della baia di Nerano, allo Scoglio. La coreografia è un molo a cui attraccano continuamente gozzi e tender alla ricarca di una cucina tutta cuore, ma non per questo avara di tecnica e di cultura del territorio. Una cucina di mare che "sa" davvero di mare, ma anche del sapore degli orti strappati alla roccia, dove anche un pomodoro è un piccolo capolavoro di concentrazione. Peppino lo sa bene, molto bene. Perché Peppino ama il mare, ti sa elencare ogni variazione possibile sulla triglia, e i luoghi segreti dove i ricci sono pieni e polposi. Peppino ama gli orti, il suo orto che cura con amore. E il suo carattere è schietto, volitivo, solido come il suo vino, quel Terranera che piaceva tanto all'avvocato Agnelli, suo affezionato cliente (<vedi Peppino, io in Francia mi sono comprato Chateau Maragaux per bere bene, ma se avessi potuto assicurarmi il tuo Terranera...>, amava scherzare). Peppino che si sente un pò Zorro, che sembra uscito da un verso di Tirteo "quell'uomo che ben piantato resti nel mezzo della battaglia strenuamente, dimentichi del tutto l'indecorosa fuga, esponendo il cuore e l'anima valorosi." Peppino che ama suo figlio Tommaso, giovane e già talentoso Chef, al punto il testimone e da dedicargli la nuova insegna. Non più Peppino allo Scoglio, quindi, ma Tommaso allo Scoglio. Cosi dopo lunga e travagliata chiusura per ristrutturazioni vip e golosi tornano da Peppino, pardon, da Tommaso per godersi piatti con l'anima. Ecco allora un polpo morbido, davvero di rara bontà, oppure un sontuoso sauté di cozze profumatissime, davvero inaspettate. Poi dalla grande cucina a vista, ingombra di evocative casseruole di rame, possono arrivare i sublimi spaghetti alla Nerano (con una giusta chiusura di basilico), oppure una pasta coi ricci a dir poco afrodisiaca. E la festa continua coi sapori netti di una pezzogna all'acqua pazza, o tegami di verdure che verrebbe da non dire basta., non ci fosse la squisita meringata di chiusura, o anche la frutta dell'orto.

64.   Dove si esercita la grande cucina italiana?   64._____

    A.   In montagna
    B.   Troppo spesso in luoghi asettici
    C.   Nei piccoli paesi
    D.   In città

65.   Che tipo di cibo offre Lo Scoglio?   65._____

    A.   Carne
    B.   Cucina di mare
    C.   Pasta
    D.   Piatti poco conosciuti

66. Che cosa ama Peppino? 66.____

    A. Il mare
    B. Il giardino
    C. Suo figlio
    D. Tutti e tre

67. Come si chiama il vino che piaceva all'avvocato Agnelli? 67.____

    A. Lambnisco
    B. Terranera
    C. Chianti
    D. Frascati

68. A chi è dedicata la nuova insegna? 68.____

    A. Al mare
    B. Al pesce
    C. A suo figlio Tommaso
    D. Ai suoi clienti

69. Come sono gli spaghetti alla Nerano? 69.____

    A. Cattivi
    B. Sublimi
    C. Troppo cotti
    D. Meravigliosi

Passage 2
This selection was originally published in: **Il mare colore del vino - by Leonardo Sciascia**

Il lungo viaggo

Era una notte che pareva fatta apposta, un'oscurità che a muoversi quasi se ne sentiva il peso. E faceva spavento, respiro di quella belva che era il mondo, il suono del mare; un respiro che veniva a spegnersi ai loro piedi.

    Stavano con le loro valigie di cartone e i loro fagotti, su un tratto di spiaggia pietrosa, riparata da colline, tra Gela e Licata; vi erano arrivati all'imbrunire, ed erano partiti all'alba dai loro paesi interni, lontani dal mare, aggrumati nell'arida plaga del feudo. Qualcuno di loro, era la prima volta che vedeva il mare; e sgomentava il pensiero di dover attraversarlo tutto, da quella deserta spiaggia della Sicilia, di notte, - Io di notte vi imbarco - aveva detto l'uomo; una specie di commesso viaggiatore per la parlantina, ma serio e onesto del volto - e di notte vi sbarco; sulla spiaggia del Nugioirsi, vi sbarco a due passi da Nuovaiorche... E chi ha parenti in America, può scrivergli che aspettino alla stazione di Trenton, dodici giorni dopo l'imbarco.. Fatevi il conto da voi... certo, il giorno preciso non posso assicurarvelo; mettiamo che c'è mare grosso, mettiamo che la guardia costiera stia a vigilare.. Un giorno più o un giorno meno, non vi fa niente; l'importante è sbarcare in America.

    L'importante era davvero sbarcare in America; come e quando non aveva poi importanza.

Se ai loro parenti arrivavano le lettere, con quegli indirizzi confusi e sgorbi che riuscivano a tracciare sulle buste, sarebbero arrivati anche loro; chi ha la lingua passa il mare, giustamente diceva il proverbio. E avrebbero passato il mare, quel grande mare oscuro; e sarebbero approdati agli *stori* e alle *farme* dell'America, all'affetto dei loro fratelli, zii, nipoti, cugini, alle calde ricche abbondanti case, alle automobili grandi come case.

70. Com'era la notte nel brano?   70.____

   A. Chiara
   B. Paurosa
   C. Che pareva fatta apposta
   D. Molto bella

71. Dove si sono trovati i protagonisti?   71.____

   A. A casa
   B. Su un tratto di spiaggia pietrosa
   C. Sulle rocce
   D. Sopra una collina

72. A che ora sono partiti dai loro paesi?   72.____

   A. All'alba
   B. All'imbrunire
   C. Sulle rocce
   D. Sopra una collina

73. Quale sarà il loro posto di sbarco?   73.____

   A. L'Argentina
   B. La spiaggia di Nugioirsi
   C. Il porto di Napoli
   D. Non si sa

74. Che cos'è l'importante?   74.____

   A. Partire
   B. Farsi coraggio
   C. Scrivere ai parenti
   D. Sbarcare in America

Passage 3
This selection was originally published in: **Sillabario N.2, by Goffredo Parise**

Italia

Un giorno di settembre, sotto un'aria che sapeva di mucche e di vino, due italiani di nome Maria e Giovanni si sposarono in una chiesa romantica già piena di aria fredda con pezzi di affreschi alti sui muri di mattoni; raffiguravano il poeta Dante Alighieri, piccolissimo, inginocchiato davanti a un papa enorme e molto scrostato, seduto sul trono. C'era anche un cagnolino nero. La chiesa appariva di granoturco e aveva accanto uno stagno con anatre e oche grandi e piccole.

Entrambi erano giovani, Maria aveva diciotto anni, Giovanni venticinque, si conoscevano fin da ragazzi, anche le famiglie si conoscevano e avevano una discreta fiducia fra loro. Il padre di Giovanni disse al figlio, subito dopo le nozze;<<Non fidarti di nessuno. Tutti dicono che l'onore non conta niente e invece conta più della vita. Senza onore nessuno ti rispetta.>> Strano discorso il giorno delle nozze ma Giovanni capi benissimo anche senza capirlo il discorso del padre, che tutti credevano un bonaccione. Maria aveva seni molto belli e capelli castano scuri che da ragazza teneva pettinati in due lunghe trecce. Poi li tagliò corti. Giovanni era di statura piccolo e tutto muscoli e nervi; Maria pure non essendo affatto grassa, era un poco rotonda, nel volto, nei seni, nel sedere; ma aveva la vita stretta e il punto esatto nella vita formava come una piega di carne da cui partivano le anche, il ventre convesso ed elastico e il sedere alto sulla curva della schiena. La sua carne era solida e i peli, le sopraciglia, le ciglia erano nerissimi, ricciuti, duri e lucenti. Aveva però mani piccole e magre.

75. Di che sapeva l'aria quel giorno di Settembre?   75.____

    A. Freschezza
    B. Fiori
    C. Mucche e vino
    D. Felicità

76. Da quanto tempo si conoscevano?   76.____

    A. Fin da ragazzi
    B. Da poco
    C. Un anno
    D. Due mesi

77. Secondo il padre quanto conta l'onore?   77.____

    A. Niente
    B. Più della vita
    C. Poco
    D. Dipende

78. Come apparivano I due?   78.____

    A. Strani
    B. Piccoli
    C. Visibilmente italiani
    D. Biondi

79. Come portava i capelli Maria?   79.____

    A. Lunghi
    B. Corti
    C. Riccioli
    D. Con una treccia

80. Com'era Giovanni di statura?   80.____

    A. Piccolo e tutto muscoli
    B. Alto
    C. Snello
    D. Rotondo e grasso

Passage 4
This selection was originally published in: *Le signore della scrittura,* by Sandra Petrignani

Donne in piscine

Da qualche giorno ha ripreso a fare ginnastica. Indossa un body nero attillato, scalda-muscoli avana. Lega i capelli in cima alla testa e ripete gli esercizi consigliati da un settimanale. È agile, esegue senza sforzo piegamenti e contorsioni, e mentre li esegue si osserva. Scruta a distanza ravvicinata le ginocchia che ha tirato sotto il mento, le gambe inarcate al di sopra dello sguardo. Da un certo punto di vista di chi sta facendo trentanove anni sono pochi, ma dal punto di vista di chi sta facendo ginnastica sono quelli che sono, scritti nella consistenza molle della pelle.

Lo dice alle amiche sul bordo della piscina. Hanno qualche anno di meno di lei ma già sanno lo strazio incredulo di dover convivere con le piccole rughe sul viso, fili bianchi fra i capelli e il ventre che, quando sono distese a prendere il sole, non scava più un declivio sotto la stoffa tesa dello slip, ma forma una morbida collina a semicerchio intorno all'ombelico. "È proprio questo che piace agli uomini," sostiene Gabriella l'esperta, "questi segni di femminilità matura. Io mi sento più bella adesso di quando avevo vent'anni." Ed elargisce la solita lezione sul fatto che l'età non è questione anagrafica, ma quella che ci si sente, e le altre ridicchiano, dicono pigramente "Si, va bene," si girano sugli asciugamani, tirano su i capelli, espandono tutt'intorno abbronzante. La radiolina di Paola diffonde la musica facile dell'estate. "Come si stà bene," pensa Valerla e le si stringe il cuore per l'emozione. In autobus poco prima, è stata felice in un modo simile per un fatto altrettanto irrilevante. Una ragazza seduta di fronte portava un paio di jeans scoloriti, istoriati con le firme degli amici e fra le firme una frase di sconcertante ottimismo: "La parola fine non esiste." La parola fine non esiste, ripete fra sé Valerla e le viene da ridere, partecipe per un momento dell'incoscienza dell'essere. "Sono ottimista, oddio come sono ottimista oggi."

81. Che cosa indossa la donna?   81._____

    A.   Un vestito
    B.   Un body nero attillato
    C.   Una gonna
    D.   Un costume da bagno

82. Quanti anni ha questa donna?   82._____

    A.   Trentanove
    B.   Meno delle amiche
    C.   È vecchia
    D.   Venticinque

83. Chi è l'esperta?   83._____

    A.   La mamma
    B.   Gabriella
    C.   Valeria
    D.   Nessuno

84. Cosa dicono le amiche quando Gabriella parla? 84.____

    A. Non dicono niente
    B. Scherzano
    C. "Si, va bene"
    D. Mangiano

85. Quale frase ripete Valerla? 85.____

    A. "La parola fine non esiste."
    B. "Va bene cosi!"
    C. "Mangia e bevi sii felice!"
    D. "Sono felice, sono felice!"

Passage 5

This selection was originally published in: **La Repubblica**

Il mio pollice s'abbassa indipendentemente dalla mia volontà; di momento in momento, a intervalli irregolari, sento il bisogno di premere, di schiacciare, di scoccare un impulso improvviso come un proiettile; se era questo che volevano dire quando mi hanno concesso la seminfermità mentale, hanno visto giusto. Ma sbagliano se credono che non ci fosse un disegno, un'intenzione ben chiara nel mio comportamento. Solo ora, nella calma ovattata e smaltata di questa stanzetta di clinica posso smentire le incongruità che m'è toccato sentirmi attribuire al processo, da parte tanto dell'accusa quanto della difesa. Con questo memoriale che spero di far recapitare ai magistrati d'appello benché i miei difensori vogliano a tutti i costi impedirmelo, intendo ristabilire la verità, la sola verità, la mia, se mai qualcuno sarà in grado di capirla.

    I medici annaspano nel buio anche loro, ma almeno vedono con favore il mio proposito di scrivere e m'hanno concesso questa macchina e questa risma di carta; credono che ciò rappresenta un miglioramento dovuto al fatto di ritrovarmi rinchiuso in una stanza senza televisore e attribuiscono la cessazione dello spasimo che mi contraeva una mano all'avermi privato del piccolo oggetto che impugnavo quando sono stato arrestato e che ero riuscito (le convulsioni che minacciavano ogni volta che me lo strappavano di mano non erano simulate) a tenere con me durante la detenzione, gli interrogatori, il processo. (E come avrei potuto spiegare - se non dimostrando che il corpo del reato era diventato una parte del mio corpo - ciò che avevo fatto e - pure senza riuscire a convincerli - perché l'avevo fatto?)

86. Che cosa si abbassa indipendentemente? 86.____

    A. La testa
    B. Il pollice
    C. La mano
    D. La schiena

87. Com'è l'impulso che sente? 87.____

    A. Come un proiettile
    B. Lungo
    C. Strano
    D. Profondo

88. Dove si trova lo scrittore?

    A. A casa
    B. In una stanzetta di clinica
    C. Solo
    D. Con la famiglia

89. Che cosa intende ristabilire il protagonista?

    A. La sua salute
    B. Una risposta
    C. Le domande
    D. La verità

90. Che cosa era diventato il corpo del reato?

    A. Una parte del suo corpo
    B. Niente
    C. Indipendente
    D. La ragione per vivere

ITALIAN LANGUAGE
SECTION II
Time - 1 hour and 25 minutes
Percent of total grade - 60

Part A: Time - 40 minutes:

This part is a test of your ability to write in Italian. It consists of two completion sets and one essay on a given topic.

When the supervisor announces the time at which each of the tasks should be completed, you should go on to the next exercise. If you finish before time is called, you may check your work on Part A, but you may NOT go on to Part B.

Write only in the lined spaces provided for the answers. Scratchwork may be done on the perforated blue insert enclosed in the booklet. Writing or notes made on the blue sheet will not be counted.

You should write your answers with a pen, preferably in black or dark blue ink. If you must use a pendi, be sure it has a well-sharpened point. Be sure to write CLEARLY and LEGIBLY. Cross out any errors you make.

Part B: Time - 30 minutes:

This part is made up of one question to be answered in composition form. It tests your knowledge and understanding of Italian culture.

Part C: Time - 15 minutes

This part is a test of your ability to speak in Italian. You will be asked to speak in a variety of ways and to record your voice. You will also be asked to start and stop your recorder several times. Be sure to follow the instructions you will hear.

When you are told to begin, open your pink booklet, gently tear out the blue insert, and start work on Part A. Write your answers to Part A in thè <u>pink booklet.</u> Do not open thè Part B green booklet until you are told to do so.

DO NOT OPEN THIS BOOKLET UNTIL YOU ARE TOLD TO DO SO.

ITALIAN LANGUAGE
SECTION II - PART A
Time - 40 minutes

DIRECTIONS: Read the following passage. Then, based on the context provided by the entire
passage, write on the line after each number the correct forni of thè verb in
parentheses. In order to receive credit, you must spell the verb correctly and
piace accents and apostrophes where necessary. Be sure to write the verb on
the line even if no change is needed.

___(1)___un bambino che___(2)___Francesco,___(3)___dotati per vivere, avevano quel genio
italiano, ma non di tutti gli italiani, di muoversi, di___(4)___e di sorridere che___(5)___come
bagnato dal mare Mediterraneo. Il sole dell'Adriatico___(6)___molto ma non è come il mare
Mediterraneo nei corpi e nelle movenze delle persone veramente italiane. Questo___(7)___loro
un forte senso di familiarità, anche come fratello e sorella, e di sempre maggiore complicità. La
complicità era___(8)___a una grande naturalezza forse nata da matrimoni fra bisnonni ed avi
ed è___(9)___ai movimenti comuni che si fanno in gioventù nella stessa terra quando si man-
gia e si dorme vicini e ad un'aria di famiglia che in quegli anni moltissimi italiani___(10)___.

1. _____(avere)
2. _____(chiamare)
3. _____(essere)
4. _____(camminare)
5. _____(essere)
6. _____(fare)
7. _____(dare)
8. _____(dovere)
9. _____(legare)
10. _____(avere)

DIRECTIONS: Read the following passage. Then, based on the context provided by the entire passage, write on the line after each number ONE single Italian word that is correct in meaning and form. In order to receive credit, you must spell the word correctly and piace accents and apostrophes where necessary. Be sure to write a word for every blank.

Accanto___(11)___botteghe o___(12)___mercati poi,___(13)___la Sinagoga, dove ___(14)___ visitatori partecipavano al rito ___(15)___preghiera. ___(16)___c'è anche la pro-fana corte ___(17)___Erode,___(18)___tanto di suonatori e ballerine. Una delle ___(19)___riuscite è quella del matrimonio giudaico; gli sposi siedono attorniati___(20)___ ospiti e da anfore colme di vino.

        11. _____
        12. _____
        13. _____
        14. _____
        15. _____
        16. _____
        17. _____
        18. _____
        19. _____
        20. _____

DIRECTIONS: Write in Italian a well-organized and coherent composition of about 150 to 200 words on the topic below. You may want to take a few minutes to organize your thoughts before you begin to write your composition. Your work will be evaluated for grammatical accuracy and spelling for variety, range, and appropriateness of vocabulary and idioms, and for organization.

NO extra credit will be given for exceeding the prescribed length.
NO credit will be given for compositions that are too short.
NO credit will be given for a composition that does not address the topic.
Do not write using capitai letters only, since it will affect your grade level.
Take some time to PROOFREAD your work. WRITE LEGIBLY.

Composition:

21. **Nel vostro parere, sarebbe avvantaggioso per gli allievi andare a scuola tutto l'anno? Discutere I vantaggi e svantaggi dell'idea.**

ITALIAN LANGUAGE
SECTION II - PART B
Time - 30 minutes

DIRECTIONS: Write in Italian a well-organized and coherent composition of about 150 words on the topic below. Imagine you are writing the composition to submit it to an Italian writing contest. You should take a few minutes to organize your thoughts before you begin to write the composition. Your work will be evaluated for your knowledge of Italian culture, as well as its organization and clarity, range and appropriateness of vocabulary, grammatical accuracy and spelling.

Scegli un monumento italiano grande o piccola. Descrivi almeno DUE elementi diversi (regione o città d'origine, impatto sulla società o cultura, storia, ecc.) che la rendono importante e spiega perché. Giustifica la tua opinione facendo riferimento a letture, film, esperienze personali o discussioni in classe.

ITALIAN LANGUAGE
SECTION II - PART C
Time - 15 minutes

DIRECTIONS: Follow the instructions as provided by the master recording. You will be asked
to speak in a variety of ways, and to record your voice. Follow carefully the
directions for stopping and starting your tape recorder. At the end of the examination you should be sure to verify that your voice has been recorded.

(Announcer)
This is the speaking part of the Italian Language Examination. Your spoken responses to
questions or statements will be recorded. Your score will be based on what is on the tape. It is
important, therefore, that you speak loudly enough for the machine to record what you say.
You will be asked to start and stop your recorder at various points in the test. In each case,
you will be told when to turn your machine to the "Record" position and when to turn it off.
Follow the directions and record only when told to do so. You will now hear a number of
recorded instructions that you should follow. The statements or questions you will hear are
not printed in your booklet. Each question or statement will be spoken twice. After the sound
of the tone, you will have 20 seconds to respond in Italian. A second tone will sound after 20
seconds bave elapsed. Always wait until you hear the tone signal before you speak. Answer
each question fully; your ability to express yourself fluently and correctly will be the main
basis for your score.
Now you will hear a sample question, spoken twice, typical of the questions you will be
asked. Try to answer it. Your answer to this question will not be recorded or scored. Mere is
the sample question:

[SAMPLE QUESTION]

(Announcer)
You will be scored on the next five (5) questions or statements. The quality as well as the
quantity of your response will affect your grade. Credit will be deducted if the answer is too
short, you should therefore use ali the available time. Turn the recorder to the "Record" position and start the tape.

[LISTEN FOR SPOKEN QUESTIONS 1-5]

You will now be asked to speak in Italian about the pictures you see. You will have 2 minutes to look at and think about all the pictures in which to relate the sequence of events depicted. Be sure to consider each of the six pictures. No tone will sound between each frame; move directly from one picture to the next in the following sequence - left to right, top to bottom. You will be scored on the appropriateness, grammatical accuracy, range of vocabulary, pronunciation, and fluency of your response. Address each picture. The length of your response and the number of pictures addressed will affect your score. Do not start your tape recorder until you are told to do so.

(Announcer)
Begin to look at and think about the pictures. (2 minutes) Now turn your tape recorder to the "Record" position and start the tape moving through the machine. (6 seconds) You will have a total of 2 minutes to relate the sequence of events in all of the six pictures. When you have finished speaking, please indicate in either English or Italian the fact that you have finished and give your AP number. Begin as soon as you hear the tone signal. Tone (2 minutes).

Stop your tape recorder. This is the end of the Advanced Placement Italian Language Examination. Close your booklet. At the tone signal, begin to rewind the tape. Tone(10 seconds). Stop your recorder even though the tape is not completely rewound. (6 seconds) You should listen to your tape to make sure that your voice has been recorded. In the event that your voice was not recorded, raise your hand and the supervisor will help you. Now turn your tape recorder to thè "Play" position and start the tape moving through the machine. (20 seconds) Stop your tape recorder. If your voice was not recorded, raise your hand and the supervisor will help you. Now rewind your tape completely. (10 seconds) Remove your tape from the machine and wait for further instructions. (5 seconds)

<u>END OF RECORDING</u>

KEY (CORRECT ANSWERS)

SECTION I			SECTION II
1. B	31. C	61. C `	1. ebbero
2. D	32. C	62. A	2. chiamarono
3. C	33. D	63. B	3. erano
4. D	34. B	64. B	4. camminare
5. B	35. C	65. B	5. è
6. A	36. A	66. D	6. fa
7. C	37. B	67. B	7. da
8. C	38. C	68. C	8. dovuto
9. A	39. D	69. B	9. legata
10. B	40. A	70. C	10. avevano
11. D	41. C	71. B	11. alle
12. A	42. B	72. A	12. ai
13. B	43. D	73. B	13. c'è
14. A	44. A	74. D	14. i
15. C	45. C	75. C	15. della
16. A	46. B	76. A	16. ma
17. B	47. A	77. B	17. di
18. A	48. C	78. C	18. con
19. C	49. A	79. B	19. più
20. B	50. B	80. A	20. dagli
21. B	51. C	81. B	
22. D	52. A	82. A	
23. A	53. B	83. B	
24. C	54. D	84. C	
25. B	55. A	85. A	
26. A	56. C	86. B	
27. D	57. C	87. A	
28. C	58. A	88. B	
29. B	59. D	89. B	
30. A	60. B	90. A	

26

ITALIAN LANGUAGE SCRIPT
SECTION I - PART A

(Announcer) This is the Listening part of the Italian Language Examination.

DIRECTIONS: Por each question in this part, you will hear a brief exchange between two people. From the four choices printed in your test booklet, choose the most appropriate answer.

(Announcer) NOW GET READY FOR THE FIRST BRIEF EXCHANGE. (5 seconds) <u>Dialogo 1 -</u>
<u>Al telefono in un ufficio legale</u>

A.   Pronto, Giammarino e Stella.
B.   Pronto, vorrei parlare con l'avvocato Paola Maurino.
A.   Chi parla prego?
B.   Jessica Stern.
A.   Pronto?
B.   Pronto? Sono Jessica l'amica di tua sorella Maria da New York.
A.   Oh, ciao che piacere sentirti, mia sorella mi ha parlato tanto di te.
B.   Spero in senso buono!
A.   Si! Ci ha raccontato delle vostre avventure in America.
B.   Telefono, perché Maria mi ha chiesto di farvi una visita, se mi fermavo a Roma.
A.   Che piacere, perché non vieni a cena da noi stasera, poi potresti dormire con noi. Cosi
faresti l'esperienza di una notte a Roma.
B.   Volentieri, mi puoi dare l'indirizzo esatto?
A.   530 Via Montebello, terzo piano.
B.   A che ora?
A.   Alle diciotto, va bene?
B.   Si, benissimo! In fondo sono in vacanza.
A.   Allora, arri vederci a più tardi. Sono ansiosa di conoscerti.
B.   Anch'io, a più tardi! Ciao.

<u>Domande:</u>   1.   Dove si svolge la conversazione?
2.   Chi cerca Jessica?
3.   Come si chiama la sua amica?
4.   Che cosa farà alle diciotto?

<u>Dialogo 2 - Una conversazione sulla Metro tra due colleghe</u>

A.   Guardali! Ci sono due posti vicini, che fortuna!
B.   L'ora di punta sulla metropolitana è un assalto; ma torniamo alla mia domanda...
A.   Va bene! No, Giovanni non mi fa la corte se è questo che vuoi sapere! mi aiuta perché
pensa che sono sperduta.
B.   Sperduta tu? una guida turistica?
A.   Scherzi sempre, ma è vero! lui pensa che i miei modi silenziosi indicano che ho pro-
blemi!
B.   Ha ragione?
A.   Ma no! io voglio allontanarlo, ma senza offenderlo.
B.   Perché?
A.   Vuole essere amico, ma io lo trovo noioso! Cosi quando ci incontriamo non dico niente!
B.   Sperando che si stanchi?

A.   Si.

B.   Quindi?

A.   Niente da fare! meno parlo e più affettuoso e sollecito diventa.

B.   Allora che cosa farai?

A.   C'è solo una cosa da fare!

B.   Cosa?

A.   Cambiare tattica, parlerò e parlerò fino a che si stancherà!

B.   Sai, sei veramente comica! in bocca al lupo. A. Grazie, ah! ecco la nostra fermata.

Domande: 5.   Dove sono le colleghe?
            6.   Ci sono due posti vicini per loro?
            7.   Come si chiama il ragazzo di cui parlano?
            8.   Che cosa farà infine la signorina per allontanarlo?

Dialogo 3 -*A casa una sorpresa inaspettata!*

A.   Buona sera mamma.

B.   Ah! eccoti qua.

A.   Mi sembri pallida che è successo?

B.   Tutto a posto cara, niente di grave, sono venuti i ladri!

A.   Cosa? sono venuti i ladri!

B.   Si, è successo durante il pomeriggio quando sono andata a fare la spesa.

A.   Dio mio! che cosa hanno rubato?

B.   Purtroppo tutti i miei gioielli.

A.   Oh, mamma! i tuoi gioielli.

B.   Sono cose che succedono. La polizia mi ha detto che anche da noi i furti non mancano.

A.   Siamo assicurati?

B.   Si, meno male.

A.   Che miracolo!

Domande: 9.   Come sembra la mamma?
            10.   Chi è venuto in casa?
            11.   Che cosa manca?
            12.   Che cosa ha detto la polizia?

DIRECTIONS: You will now listen to several selections. Each selection will be followed by a series of spoken questions based on content. During the pause, select the best answer to each question from among the four choices printed in your test booklet, and piace your answer on the line at the right.

<u>SELECTION NUMBER 1</u>

NOW GET READY TO LISTEN TO THE FIRST SELECTION

TEATRO

Sede fisica e, per estensione, insieme delle rappresentazioni drammatiche. Ebbe indiscussa origine rituale.

L'Antichità; Nell'antichità le rappresentazioni si sostanziavano del rapporto col divino, fossero esse cerimonie votive o drammatizzazioni di leggende religiose, cosi nell'antico Egitto come in Asia, come in gran parte del teatro greco e romano, da cui nacque il moderno teatro occidentale. Le annuali feste in onore di Dioniso, per esempio, comprendevano gare di canto corale (o *ditirambi*).

Maschere adontavano il volto degli attori, tutti uomini, anche nelle successive opere dei greci Eschilo e Sofocle. Agli originali spiazzi rotondi e privi di qualsiasi arredamento (*orchestra*) si sostituirono verso la metà del V secolo a.C. le prime *Skenè* (scene), poste sul limitare del luogo dell'azione, e quindi le prime macchine teatrali, utilizzate da Euripide e messe in ridicolo da Aristofane. Le trasformazioni più importanti in età ellenistica riguardarono la costruzione di un palcoscenico sopra-elevato (*logheion*) e sopratutto la professionalizzazione delle arti teatrali. Le *commedie* di Tito Maccio Plauto e Publio Terenzio Afro, tipiche della Roma repubblicana e ricche di contaminazioni con forme precedenti di rappresentazioni italiche, furono per lo più rappresentate in radure semicircolari, prospicienti un palcoscenico rialzato; ma in realtà Roma non ebbe un teatro stabile sino alla metà del I secolo a.C. A differenza dei teatri greci, che sfruttavano i declivi dei colli circostanti città e luoghi sacri, Roma costruì i suoi teatri assieme agli altri palazzi pubblici nel centro delle maggiori città, raggiungendo in alcuni casi le ragguardevoli dimensioni di 40,000 posti a sedere coperti.

<u>Domande:</u>   13. Quale fu l'uso originale di un teatro?
14. Da dove nacque il moderno teatro occidentale?
15. Che cosa adornavano i volti degli attori?
16. Dove costruì Roma i suoi teatri?

<u>SELECTION NUMBER 2</u>

NOW GET READY TO LISTEN TO THE SECOND SELECTION

Previsioni Agrometeorologiche

Bollettino di Mercoledì, 09 Agosto 2006
Aggiornamento dal lunedì al venerdì a cura della redazione Ucea:

Sull 'Italia insistono condizioni di variabilità atmosferica accompagnata da precipitazioni e da un abbassamento delle temperature.
L'attuale situazione meteorologica può riacutizzare il rischio di infezioni

fltopatologiche a carico delle colture.

Mercoledì, 09 Agosto 2006-09-12

Pioggia cumulata dalle ore 18 alle 24

In serata sull"Italia continueranno ad insistere condizioni di variabilità, con annuvolamenti sparsi e precipitazioni di 20-40mm sulle regioni centrali adriatiche e in tarda serata anche sulla riviera ligure di ponente.

Domande: 17. Che tipo di bollettino è questo?
18. Come sono le condizioni meteorologiche per oggi?
19. Quanti ne abbiamo oggi?
20. Che cosa ci possiamo aspettare dalle 18 alle 24?
21. Quanti mm di pioggia possiamo aspettarci?

SELECTION NUMBER 3

SONO PER TE

Fitoterapia: per chi adora i rimedi della nonna, decotti tinture, succhi... Consigli; camomilla (sedativa, digestiva), lavanda (antispasmodica, analgesica), limone (ditossicante), maggiorana (calmante), menta (antispasmodica, digestiva) ortica (riequilibrante di fegato e stomaco), rosmarino (stimolante generale)

Aromaterapia: fa per te se non sopporti il dolore, interviene infatti sull'intensità della sintomatologia dolorosa piuttosto che sulle cause del problema. Gli oli essenziali si possono assumere per inalazione, attraverso i massaggi o per via orale.
Consigli: anice (eccessi alimentari), arancia (stress), basilico (tutte le forme di cefalea), citronella (sinusite), eucalipto (raffreddore e influenza)

Domande: 22. Come si chiamano le terapie nominate?
23. Cosa può aiutare la digestione?
24. Chi dovrebbe usare l'aromaterapia?
25. Cosa può aiutarti se hai il raffreddore?

SELECTION NUMBER 4

NOW GET READY TO LISTEN TO THE FOURTH SELECTION

Le gallette al formaggio.
Preparazione: 15 minuti   Cottura: 10 minuti
Dosi per 4 persone: 100 g di formaggio grattugiato, 100 g di farina
                               1/2 tazza da té di panna di latte bollito, 1 pizzico
                               di sale, 6 cucchiaiate d'olio
                               1 terrina

Lavorate la farina, la gruviera, panna di latte e sale ottenendo una pasta non appiccicosa e da rendere molto sottile col matterello, ritagliate dei tondi con un bicchiere e gettateli nella frittura calda; lasciate dorare leggermente. Servite sopra un tavolo di carta il quale assorbirà la frittura; cosi le gallette potranno essere secche e croccanti.

Domande: 26. Quanto tempo ci vuole per preparare le gallette?
27. Che tipo di formaggio si deve usare?
28. Con che cosa si devono tagliare i tondi?
29. Perché si devono servire su un tovagliolo?

SELECTION NUMBER 5

NOW GET READY TO LISTEN TO THE FIFTH SELECTION

L'albero di noce

Vicino alla città di Benevento

Vi sono due fiumi molto rinomati

Uno Sabato, l'altro Calar del vento;

Si dicono locali indemoniati,

Una gran noce di grandezza immensa

Germogliava d'estate e pur d'inverno;

Sotto di questa si tenea gran mensa

Da streghe, stregoni e diavoli d'inferno.

Cosi suona l'inizio di un poemetto popolare ottocentesco edito a Napoli e intitolato "Storia della famosa noce di Benevento", raccolto da: Giuseppe Cocchiara, che al noce e alle streghe dedica un intero capitolo del suo *"Ilpaese di cuccagna "*. La fame della città luogo del convegno di streghe, è molto antica. Se ne trovano echi in un sonetto del *"Fiore "*, poemetto allegorico del 1200, il cui protagonista dice di chiamarsi Ser Durante, molti pensano che questo nome adombri lo stesso Dante Alighieri.

La trama è semplice: Ser Durante, l'amante, cerca di cogliere un fiore, simbolo del perfetto amore, da uno splendido giardino, per farne omaggio alla sua amata, Madonna Bellaccoglienza. Egli si è cavalierescamente messo al suo servizio ed ella sembra accettare la sua corte. Pare giunto il momento di cogliere il fiore che è quasi sul punto di sbocciare, quando interviene lo Schifo (cioè il pudore) ad impediglierlo.

Domande: 30. Di quale albero parla il poema?
31. In quale città è 1 ' albero?
32. Come si chiamano i due fiumi?
33. Chi è il grande poeta nominato?
34. Di che cosa è un simbolo il fiore?

SELECTION NUMBER 6

NOW GET READY TO LISTEN TO THE SIXTH SELECTION

Il Parco del Vesuvio

Il Vesuvio è uno dei vulcani più famosi della Terra, situato a meno di 12 chilometri a sud-est da Napoli e circa 10 chilometri da Pompei. La sua storia è stata caratterizzata da lunghi periodi di quiescenza interroti da improvvisi episodi di attività eruttiva tra cui ricordiamo la tragica eruzione' del 79 d.C. che seppellì le città di Ercolano, Pompei e Stabia. Il monte che ha un'altezza massima di 1277 metri e un diametro di circa 4 chilometri, comprende due cime, il monte Vesuvio e il monte Somma. Il monte Vesuvio contiene il cratere attivo, ma il monte Somma, ormai estinto, è molto più antico. Dal Vesuvio, guardando verso il mare e in giornate con buona visibilità, si vede tutto il Golfo di Napoli.

Domande: 35. Quant'è lontano il Vesuvio da Napoli?
    36. In quale anno è stata seppellita Pompei?
    37. Qual'è l'altezza del monte?

SELECTION NUMBER 7

NOW GET READY TO LISTEN TO THE SEVENTH SELECTION

Il Presepe Vivente di Pietrelcina

Uno degli eventi invernali più belli e suggestivi di Pietrelcina è senza dubbio il Presepe Vivente. Ogni anno si tiene il 27-28 e 29 Dicembre e con quest'anno giunge ormai alla sua XVI edizione.

Il Presepe Vivente di Pietrelcina è forse tra i più belli e riusciti del Sud Italia grazie alla suggestiva ricostruzione storica che coinvolge tutte le strade e piazzette del centro storico, il quartiere castello, trasformandolo in un immenso teatro dove gli abitanti diventano abilissimi attori perfettamente calati nel ruolo. A donare alla rappresentazione quel tocco di realtà e di tuffo nel passato contribuisce senza ombra di dubbio la particolare conformazione del paesetto di Pietrelcina; tutto il centro storico, teatro della scena sorge arroccato su un promontorio, la cosidetta Morgia.

Per l'occasione tutti gli abitanti sono coinvolti, vengono impiegati circa 300 comparse, indossati i costumi di scena, allestite le botteghe artigiane e realmente, passeggiando nelle viuzze del centro, è possibile vedere il falegname che lavora il legno o la massaia che impasta il pane.

Domande: 38. In quale paese avviene il Presepe Vivente?
    39. Quale parte del paese coinvolge?
    40. Chi partecipa nell'evento?

ITALIAN LANGUAGE SCRIPT
SECTION II - PART C

Directions for speaking will be given to you by a master tape. You will be asked to speak in a variety of ways, and to record your voice. Follow carefully the directions for stopping and starting your tape recorder. At the end of the examination you should be sure to verify that your voice has been recorded.

(Announcer)

This is the speaking part of the Italian Language Examination. Your spoken responses to questions or statements will be recorded. Your score will be based on what is on the tape. It is important, therefore, that you speak loudly enough for the machine to record what you say. You will be asked to start and stop your recorder at various points in the test. In each case, you will be told when to turn your machine to the "Record" position and when to turn it off.

Follow the directions and record only when told to do so. You will now bear a number of recorded instructions that you should follow. The statements or questions you will bear are not printed in your booklet. Each question or statement will be spoken twice. After thè sound of the tone, you will have 20 seconds to respond in Italian. A second tone will sound after 20 seconds bave elapsed. Always wait until you bear the tone signal before you speak. Answer each question fully; your ability to express yourself fluently and correctly will be the main basis for your score.

Now you will bear a sample question, spoken twice, typical of the questions you will be asked. Try to answer it. Your answer to this question will not be recorded or scored. Mere is the sample question:

(Speaker)

Cosa? Non sai come mi chiamo?
Cosa? Non sai come mi chiamo?

(Announcer)

You will be scored on the next five (5) questions or statements. The quality as well as the quantity of your response will affect your grade. Credit will be deducted if the answer is too short, you should therefore use ali the available time. Turn the recorder to the "Record" position and start the tape.

Numero 1.   Perché sei cosi arrabbiato che cosa è successo?
Perché sei cosi arrabbiato che cosa è successo?

Tone (20 seconds) - Tone

Numero 2.   Cosa? Hai perduto il tuo passaporto! Come farai a partire?
Cosa? Hai perduto il tuo passaporto! Come farai a partire?

Tone (20 seconds) - Tone

Numero 3.   In quale ristorante pensi di far cena stasera? Perché li?
In quale ristorante pensi di far cena stasera? Perché li?

Tone (20 seconds) - Tone

Numero 4.   Per quanto tempo pensi di visitare la tua amica in America?
             Per quanto tempo pensi di visitare la tua amica in America?

             Tone (20 seconds) - Tone

Numero 5.   Cosa? Vuoi comprare una macchina nuova! Perché?
             Cosa? Vuoi comprare una macchina nuova! Perché?

             Tone (20 seconds) - Tone

You will now be asked to speak in Italian about the pictures you see. You will have two minutes to look at and think about all the pictures in which to relate the sequence of events depicted. Be sure to consider each of the six pictures. No tone will sound between each frame; move directly from one picture to the next in th following sequence - left to right, top to bottoni. You will be scored on the appropriateness, grammatical accuracy, range of vocabulary, pronunciation, and fluency of your response. Address each picture. The length of your responso and the number of pictures addressed will affect your score. Do not start your tape recorder until you are told to do so.

(Announcer)
Begin to look at and think about the pictures. (2 minutes) Now turn your tape recorder to the "Record" position and start the tape moving through the machine. (6 seconds) You will have a total of two minutes to relate the sequence of events in all of the six pictures. When you have finished speaking, please indicate in either English or Italian the fact that you have finished and give your AP number. Begin as soon as you hear the tone signal. Tone (2 minutes)

Stop your tape recorder. This is the end of the Advanced Placement Italian Language Examination. Close your booklet. At the tone signal, begin to rewind the tape. Tone (10 seconds). Stop your recorder even though the tape is not completely rewound. (6 seconds) You should listen to your tape to make sure that your voice has been recorded. In the event that your voice was not recorded, raise your hand and the supervisor will help you. Now turn your tape recorder to the "Play" position and start the tape moving through the machine. (20 seconds) Stop your tape recorder. If your voice was not recorded, raise your hand and the supervisor will help you. Now rewind your tape completely. (10 seconds) Remove your tape from the machine and wait for further instructions. (5 seconds)

END OF RECORDING